INTRODUCCIÓN AL MARTINISMO TRADICIONAL

SÂR AMORIFER

INTRODUCCIÓN AL MARTINISMO TRADICIONAL

ORDEN MARTINISTA
&
SINÁRQUICA

Fundada el 11 de noviembre de 1920 en Francia
por Víctor Blanchard - Paul Yesir

Editorial Manakel
Madrid 2024

2ª edición corregida, 2025

© Sâr Amorife, 2024
© Editorial Manakel, 2024
    Ibáñez Marín, 11 - 28019 MADRID
Teléfonos: 91 472 9071 y 670 367 479
info@editorialdilema.com
www.editorialdilema.com
ISBN: 978-84-9827-651-0

Depósito Legal: M-3384-2024

Diseño de Portada: Esther Hernández

Diseño de la colección: María Pérez-Aguilera

Maquetación: JMPG
                jmpg731@gmail.com

"La Orden Martinista es una sociedad mística [...] El Martinismo defiende la acción del Cristo. El Martinista es el caballero de la idealidad cristiana. Mediante la enseñanza oral de la tradición occidental cristiana pone a punto al alma para percibir la vivificante acción del Verbo divino del Cristo glorioso... [...] La Orden en su conjunto es ante todo una escuela de caballería moral... [...] resaltemos que la Orden recibió de Saint-Martin el Pantáculo y el nombre místico de Cristo, Ieshuah, que adorna todos los documentos oficiales del Martinismo."

Martinezismo, Willermozismo, Martinismo y Francmasonería
A propósito del Martinismo
Papus (1865-1916)

¿QUÉ ES EL MARTINISMO?

Papus
(1865-1916)

Martines de Pasqually
(¿1710?-1774)

Saint-Martin
(1743-1803)

El Martinismo es un sistema peculiar de Misticismo Cristiano funda-
mentado en una concepción Tradicional sobre el origen del Hombre, su lugar en la creación y la relación que existe entre él, Dios y el
Universo, según la doctrina recogida y promulgada por Louis-Claude
de Saint-Martín, conocido como "El Filósofo Desconocido". Esta
doctrina justifica una teosofía que revele al hombre la Sabiduría de
Dios, la verdad, el camino y la vida. El Martinista es un amigo de Dios

y de la Sabiduría. Su objetivo es procurar la Regeneración Humana que conduce a la Reintegración del individuo en su estado glorioso primigenio anterior a la caída (estado degradado actual del hombre).

Según Papus, fundador de la Orden Martinista, esta constituye una **Caballería Espiritual Cristiana** operando bajo una gran discreción.

> "La Orden Martinista es una *sociedad mística* […], un centro activo de difusión iniciática […] constituido para propagar las líneas de la *tradición occidental cristiana* […]. Otra característica es la de aceptar en su seno a hombres y mujeres […]. La tercera característica del Martinismo es la de *ser cristiano*. El Martinismo *defiende la acción del Cristo*. El Martinista es el *caballero de la idealidad cristiana*. Mediante la enseñanza oral de la tradición occidental cristiana pone a punto al alma para percibir la vivificante acción del *Verbo divino del Cristo glorioso*… […] La Orden en su conjunto es ante todo una *escuela de caballería moral*, que se esfuerza en desarrollar la espiritualidad de sus miembros por el estudio del mundo invisible y de sus leyes, por el ejercicio de la devoción y del esfuerzo intelectual, y por la creación en cada espíritu de una fe cada vez más sólida, basada en la observación y en la ciencia (…)".

(Papus, "A propósito del Martinismo")

En su obra "*Martinezismo, Willermozismo, Martinismo y Francmasonería*"[1], Papus escribe:

> "… resaltemos que la Orden recibió de Saint-Martin el Pantáculo y el *nombre místico de Cristo, Ieshuah*, que adorna todos los documentos oficiales del Martinismo. Es necesaria la mayor fe de un clérigo para creer que ese nombre sagrado se relacione con otro diferente del de Jesús Cristo, el Divino Verbo Creador. (…) La filiación Martinista se mantuvo viva gracias a pequeños grupos muy dinámicos, que efectuando un modesto ocultismo fiel a la conservación de la tradición iniciática del espiritualismo, caracterizado por el *Misterio de la Santísima Trinidad* y los *misterios de Cristo*, la alejaron de todo sectarismo".

---

[1] Publicado en Madrid por Editorial Manakel bajo el título "Francmasonería Iluminista" en esta misma Colección Martinista.

Papus planteó así las líneas maestras de esta caballería espiritual y moral basada principalmente en la caridad cristiana, y contrariamente a lo que puedan pensar algunos frente al volumen y la diversidad de su obra, interesada en divulgar y justificar aquello que hasta la época era denominado "Ciencia oculta", nos da muestras de estos ideales sin distracciones:

> "El camino del desarrollo espiritual es sencillo y claro: vivir siempre para los demás y nunca para uno mismo, hacer a los demás lo que os gustaría que os fuera hecho en todos los niveles; jamás hablar mal ni pensar mal de los ausentes. Hacer antes lo que cuesta que lo que gusta. Éstas son algunas de las fórmulas de este *camino que conduce a la humildad y la oración*. [...] El camino místico necesita pues de una ayuda permanente en todos los niveles de evolución y de percepción. En el plano físico, ayuda de los compañeros y de los *maestros que enseñan con el ejemplo*; en el plano astral, ayuda de los *pensamientos de devoción y de caridad* que iluminan el camino y permiten superar las pruebas por la paz del corazón; finalmente, en el plano espiritual, *ayuda de los espíritus guardianes* mantenida por la compasión por todos los pecadores, la indulgencia por todas las debilidades humanas, y la oración por todos los ciegos y los enemigos. Entonces las sombras terrestres se disuelven poco a poco, la cortina se descorre durante unos segundos y la sensación divina de la *Oración comprendida* llena el corazón de coraje y de amor".

Con estos ideales, que inspiran el ritual Martinista, la invocación en todos los trabajos de **Ieshuah**, el divino Reparador, y *"bajo los auspicios del Filósofo Desconocido, nuestro Venerable Maestro"*, se opera en la búsqueda y la realización de la única iniciación que proclama Saint-Martin como verdadera:

> "aquella por la que podemos entrar en el corazón de Dios, y hacer entrar el corazón de Dios en nosotros, para hacer un matrimonio indisoluble, que nos haga *el amigo, el hermano y el esposo de nuestro divino Reparador*"[2].

Reconociendo el carácter místico y cristiano de la Orden, respetando en todo momento la libertad del individuo, agrupando a

---

[2] Carta a Kirchberger, 19 de junio de 1797.

aquellos que *silenciosa y pacientemente buscan la verdad*, siempre se ha mantenido en el Martinismo un espíritu abierto y respetuoso con otras vías tradicionales, pues la experiencia de lo divino trasciende a las formas que se acercan a ella y, lejos de separar, une aún más a los hombres que se reconocen así como participando de la misma naturaleza celestial; pero le será más difícil mantener el rumbo adecuado al peregrino que se distrae en los cruces de caminos. R. Ambelain nos dice:

> "La Verdad es una, y las doctrinas esotéricas no son más que rayos que de ella escapan. Sin duda. Pero es necesario que cada una ocupe su lugar; no es armonioso que un lama predique el evangelio, que un imán enseñe el tantrismo, que un yogui sólo afirme las Tríadas y que un cabalista se declare taoísta"[3].

Respetando así las vías que han sido abiertas, la ascesis Martinista sigue la luz de **Ieshuah**, nuestro guía, el Reparador, encarnado para guiarnos en el camino de la Reintegración renaciendo continuamente en los corazones iluminados e inflamados por el Espíritu Santo. Pero es que la Potencia de este Reparador, *Espíritu doblemente fuerte u Octonario*[4] que Dios envió para regenerar al Adán Kadmón caído en la materia, es universal.

> "Toda la *religión Cristiana* [religión en su verdadero sentido de religar al hombre con Dios] está basada en el *conocimiento de nuestro origen, de nuestra actual condición y de nuestro destino*. Ella muestra primero *cómo de la unidad caímos en la diversidad, y cómo podemos retornar al estado primordial*. Segundo, muestra *lo que éramos antes de volvernos desunidos*. En tercer lugar, *explica la causa de la continuación de nuestra presente desunión*. Y, en cuarto lugar, *nos instruye sobre el destino final de los elementos mortales e inmortales dentro de nuestra constitución. Todas las enseñanzas de Cristo no tienen otro objetivo que el de mostrar el camino para volver a ascender de un estado de diversidad y diferenciación a nuestra unidad original...*"[5],

---

[3] Le Martinisme. Histoire et doctrine. Robert Ambelain. Ed. Niclaus, París. Pág. 158.

[4] Doctrina de la Reintegración de los seres. Martinez de Pasqually.

[5] Jakob Böhme.

porque "Todo lo que es coeterno con ella [con la Unidad] es perfecto. Todo lo que se separa de ella está alterado o es falso"[6].

El Martinista se considera así como el FILÓSOFO O AGENTE DE LA UNIDAD, título que jamás adquirirá a través de la ciencia profana ni a través de sincretismo de ningún tipo, ya que

> "Todas nuestras disputas y especulaciones intelectuales con relación a los misterios divinos son inútiles, pues se originan en fuentes externas. *Los misterios de Dios sólo pueden ser conocidos por Dios; para conocerlos debemos primero buscar a Dios en nuestro propio centro.* Nuestra razón y voluntad deben retornar a la *fuente interior* de la cual se originan; entonces llegaremos a la *verdadera ciencia de Dios* y sus atributos"[7].

Si dedicamos nuestra vida sólo a cultivar el saber intelectual cuya complejidad hunde sus raíces en la imaginación y la razón humanas, percibiremos que cuanto más aprendemos, más se aleja de nosotros el límite de lo que nos queda por aprender. Pero si en un solo instante nuestro corazón se abre a la fuente divina, la gnosis eterna (*Sophia*) romperá el velo que envuelve nuestro verdadero entendimiento revelándonos la sabiduría celeste, aquella de la cual la convicción humana no es más que un sombrío reflejo desfigurado y a veces pervertido. Es así que el verdadero cristianismo se hace universal, pues abiertos los ojos del espíritu, el ser regenerado se da cuenta de que:

> "Todos nuestros sistemas religiosos no pasan de ser obras del intelecto. Debemos repudiar todos los deseos personales, disputas, ciencias y voluntad, si queremos restaurar la armonía con la madre que nos dio nacimiento en el principio; por el momento, nuestra alma es el quintal de centenas de animales maliciosos, que nosotros mismos colocamos allá, en el lugar de Dios, y a los cuales adoramos como si fuesen dioses. Tales animales deben morir antes que el principio Crístico pueda comenzar a vivir. *El hombre debe retornar a su estado natural (pureza original), antes de poder volverse divino.* [...] *Sólo aquél en quien*

---

[6] De los Números; epígrafe X. Saint-Martin.

[7] Jakob Böhme.

el Cristo existe y vive es un Cristiano, un hombre en quien el Cristo surgió de la carne estéril de Adán. Él será un *heredero de Cristo* –no por cuenta de méritos de nadie, ni por ningún favor concedido a él por un poder externo, sino *por la gracia interna*. [...] Él [el verdadero cristiano] *posee una única ciencia, que es la del Cristo interior; sólo tiene un deseo, hacer el bien*"[8].

Así pues, *"el propósito de la Orden Martinista no es el de establecer maestros dogmáticos, sino más bien, al contrario, agrupar a sinceros estudiantes devotos de la hermandad de la verdad universal, oponiéndose a todo dogma, ostracismo y fanatismo"*. Desafortunadamente, quien no alcanza a entender el verdadero sentido de estas palabras en el contexto natural que les corresponde, camina justo en sentido contrario, no hacia el origen unificador del Cristo, sino hacia una proyección que divide hasta el infinito a la frágil razón humana, que se cree poderosa cuanto más atrapada se encuentra en la imaginación demoniaca y más se pierde así en los valles tenebrosos de la muerte.

"Feliz, en verdad, es ese hombre que encuentra la sabiduría que le unifica y le une a Dios"[9].

Para finalizar, recordemos que los Martinistas son individuos libres, respetuosos y tolerantes con los pensamientos divergentes, e indiferentes a tabúes o preconceptos de cualquier especie. Los Martinistas se ligan por su propia y libre voluntad a la humanidad, la naturaleza y a Dios, tomando con sus trabajos una gradual conciencia del sagrado carácter de este vínculo. En sus reuniones solamente los Martinistas son aceptados; las iniciaciones y sus respectivos grados se reciben según mérito propio, donde la antigüedad no tiene ningún valor efectivo o determinante.

Resaltemos sobre todas las definiciones y teorías que el Martinismo es un estado del Ser, una forma de vida, un Camino, y más que

---

[8] Jakob Böhme.

[9] *La nube del no-saber y el libro de la orientación particular*. Anónimo inglés s. XIV. Ed. San Pablo, 1.981. Pág. 224.

explicado debe ser sentido y vivenciado, para, a través del SILENCIO, poder llegar a su comprensión realizando en nuestro Ser su objetivo principal: la Reintegración de la humanidad en el seno del Absoluto.

PROPÓSITO DE LA ORDEN MARTINISTA

"Purificaos, pedid, recibid y obrad.
Toda la Obra se halla en estos cuatro Tiempos".
El Hombre de Deseo
Louis-Claude de Saint-Martin

La Iniciación que proclama Saint-Martin es algo interno que ocurre en el corazón del hombre, en su fondo, en su esencia, revelándose finalmente como una teofanía, una obra de generación de la presencia divina, pues Dios, el Verbo, se manifiesta sustancialmente como Dios en el hombre, Dios manifestado por el hombre, Dios pronunciando su Verbo en nosotros, *Emmanuel*, el Hijo amado del Padre surgiendo de las profundidades del abismo insondable de nuestro ser:

> "...el Dios único que ha elegido su santuario único en el corazón del hombre, y en este hijo querido del espíritu que todos debemos hacer nacer en nosotros..." (El Hombre Nuevo, § 27. Saint-Martin).

Es evidente que esta **revolución interior** no puede ser concedida por nadie, porque es fruto y consecuencia de la regeneración que sólo el ser, **por sí mismo**, puede llevar a cabo con la ayuda de Dios:

"¿Dónde está el principio de la ciencia del hombre? ¿No se encuentra en sí mismo o muy cerca de él? Su desgracia es ir a buscarlo fuera de sí y en objetos que no pueden hacer reaccionar su verdadera semilla" (El Hombre de Deseo, § 299, Saint-Martin).

"Las sociedades iniciáticas -nos dice Papus- tienen por objeto principal desarrollar la naturaleza humana y hacerla apta para recibir las influencias directas de los planos superiores. Deben desarrollar, sobre todo, la intelectualidad sin descuidar la espiritualidad; he aquí uno de los axiomas que enseñan: *la iniciación es siempre individual* y la sociedad no puede más que enseñar la ruta, para evitar los senderos peligrosos" (*Tratado elemental de Ciencia Oculta*, Papus).

Y en el caso que nos ocupa, esta ruta viene trazada en la Obra de Saint-Martin, a cuyo estudio y asimilación está dedicado todo Martinista para llegar a alcanzar el estado de regeneración espiritual del que hemos hablado. La Orden Martinista se convierte así en una **congregación fraternal de** *Hombres de Deseo* animados por aspiraciones puras a convertirse en *Hombres Nuevos*, y si la gracia les alcanza, en *Hombres Espíritu*, verdaderos Hijos de Dios.

Robert Amadou nos dice al respecto de la iniciación en el seno de la Orden Martinista:

"Reconozcamos, todavía, que la iniciación ritual es el medio más común y el más fácil de ingresar en la Orden Martinista. Ella proporciona a todo aquél que la recibe una poderosa ayuda. Un *auxilio místico*, en primer lugar, de los Hermanos pasados o presentes, en comunión de los cuales nos permite entrar más fácilmente. *Ayuda moral y también material* de los miembros contemporáneos. *Auxilio intelectual* por el socorro que solicita en el estudio de la doctrina, sea por trabajos en común, sea por la voz de los adeptos más avanzados, sea, principalmente, por las tradiciones de las cuales esos adeptos son el reflejo y que duermen en el seno de la Orden, no esperando sino un príncipe cuyo amor vendrá a despertarlas".

(R. Amadou, Louis-Claude de Saint-Martin y el Martinismo)

La "Orden Martinista & Sinárquica", operando ininterrumpidamente desde su fundación en 1920 por Víctor Blanchard, se estableció en España en el año 2002, y cuenta con una estructura formada por Círculos, Heptadas y Logias. La Orden congrega a verdaderos

"Hombres de Deseo" que buscan ante todo su Reintegración en el seno del Absoluto. Para realizar esta finalidad, dispone de rituales y prácticas precisas dirigidas a depurar el manto (cuerpo sutil) del Iniciado para que pueda abrirse a diversos estados de conciencia internos, cuya realización será la *Resurrección espiritual* de su Cuerpo de Gloria.

La Orden procura siempre privilegiar las prácticas operativas y la oración *saint-martiniana*, a través de las cuales, con constancia y dedicación, el Iniciado se profundizará hacia el reencuentro interno con su centro, preparándolo para los trabajos de Reconciliación con la Divinidad. De esta forma, la Orden Martinista se distancia de los abordajes exclusivamente filosóficos o intelectuales y del sentimentalismo espiritualista y superficial que a menudo separan al candidato de la auténtica búsqueda Iniciática. Ningún trabajo operativo será posible mientras el Iniciado no haya purificado y perfeccionado su interior, llevando a término su Regeneración, que deberá resultar en nítidos cambios exteriores y visibles.

> "(...) Cuando un hombre estuviere Regenerado en sus pensamientos, inmediatamente lo estará en su verbo, que es la carne y la sangre del pensamiento; mas cuando estuviere regenerado en su verbo, inmediatamente lo estará en sus acciones que son la carne y la sangre del verbo" (Saint-Martín).

Como toda Orden Iniciática Tradicional auténtica y operativa, la Orden Martinista hace una rigurosa selección de sus candidatos, aceptando solamente aquellos que realmente estén preparados y muestren una firme voluntad de entregarse e integrarse a la verdadera búsqueda espiritual, sin desaliento ni falsas expectativas.

La Orden Martinista, manteniendo la Tradición original del Martinismo, no concede Iniciaciones a distancia y no ofrece cursos o monografías por correo. Todo su trabajo operativo y sus Iniciaciones se desarrollan en sus Templos, donde son transmitidas sus enseñanzas tradicionales. Al ser iniciado y al participar del trabajo litúrgico de la Orden, el miembro se conecta con su Cadena Invisible, operando consecuentemente con poderosas fuerzas espirituales que posibilitan a los "*puros de corazón*" un efectivo cambio en su interior.

PAPUS Y LA ORDEN MARTINISTA

Gérard Anaclet Vincent Encausse, el médico que fue conocido en los medios ocultistas con el seudónimo de Papus, nació el día 13 de julio de 1865 en la Coruña, España, a las 7:00 horas de la mañana, siendo hijo de padre francés, el químico Louis Encausse, y madre española de origen gitano, la señora Irene Pérez. En 1869 la familia Encausse vino a establecerse en París, en el barrio de Montmartre, donde Papus inició sus estudios, primero en el Colegio Rollin y más tarde, a los 17 años, en la Facultad de Medicina de París. Desde muy joven dedicó su tiempo libre al ocultismo. Mientras sus compañeros preferían ocuparse de los problemas políticos de Europa y en leer a todos los autores de la ciencia oficial, Papus pasaba las tardes en la Biblioteca Nacional de París, o en la Biblioteca del Arsenal, estudiando a los autores clásicos de la alquimia y de la cábala, tomando notas de los principales manuscritos tan celosamente guardados desde siglos en estas valiosas bibliotecas.

Papus dice haber sido iniciado por Henri Delaage en 1882 en la Sociedad de los Filósofos Desconocidos, Orden que habría sido fundada en el siglo XVIII por Louis-Claude de Saint-Martin. Con 17 años de edad, el joven Papus pasó a destacarse en el seno de esta Sociedad por el deseo y la seriedad con que procuraba las llaves de la iniciación. Gérard Encausse obtuvo su nombre místico del libro "Nuctemeron" de Apolonio de Tyana. En este libro hay doce horas simbólicas análogas a los signos del Zodíaco, y a los doce trabajos de Hércules. Representan también los doce pasos de la Iniciación. *"Papus"* es el primer genio de la primera hora; es el Genio de la Medicina.

En 1887, a los 22 años, escribiría su primera obra: *El Ocultismo contemporáneo.* Su *Tratado Elemental de Ciencia Oculta*, escrito al año siguiente, alcanzó una gran notoriedad en varios países y proporcionó a su autor cierto reconocimiento en los medios ocultistas parisinos. Fundó, en 1889, el Grupo Independiente de Estudios Esotéricos (GIDEE), transformado más tarde en la Escuela Hermética, destinada a divulgar la espiritualidad y a combatir el materialismo. También editó las revistas *L'Initiation* y *El Velo de Isis*, órganos de divulgación del Ocultismo, planetas que giraban en torno al centro radiante de dinamismo que fue su creador Papus.

Trabajó como externo en los hospitales de París y nunca abandonó el ejercicio de la medicina. El 7 de julio de 1894 defendió su tesis doctoral con el título *"La anatomía fisiológica y sus divisiones"*, recibiendo el título de Doctor en Medicina cum laude, a los 29 años. Su obra posterior, *Compendio de Fisiología Sintética*, fue igualmente elogiada en los medios académicos. También fue nombrado Oficial de la Academia el 13 de julio de 1890 y Oficial de Instrucción Pública el 22 de junio de 1898.

Al defender su tesis, Papus confesó ser un aprendiz en el arte de curar, pues vislumbraba ya las posibilidades del Ocultismo. Como Paracelso, recorrió varios países de Europa estudiando todo tipo de medicina, la oficial, la de los curanderos, la homeopatía, aprendiendo algunos procedimientos desconocidos para la medicina oficial. Practicó la alopatía, la homeopatía y la hipnosis, realizando curas consideradas extraordinarias por sus biógrafos. En muchas ocasiones, para efectuar el diagnóstico, observaba en primer lugar el cuerpo astral del enfermo, y procedía a curarlo utilizando la fuerza vital-madre, fuente de equilibrio. De esta forma clasificaba las dolencias como siendo del cuerpo, del astral (alma) o del espíritu. Las dolencias del cuerpo (como fiebres, traumatismos, etc.) pueden, según Papus, ser curadas por la medicina de los contrarios; las dolencias del astral (como la tuberculosis o el cáncer), pueden ser tratadas por la homeopatía y el magnetismo; y las dolencias del espíritu (como la epilepsia, la histeria o la locura) pueden ser tratadas por la oración y por la magia, siempre que el mal no sea kármico (deuda espiritual a ser pagada por el enfermo). De esta forma Papus practicaba también la Medicina Oculta, curando a distancia, operando sobre la orina, la sangre o el cabello del enfermo. Cuentan que realizaba a veces diagnósticos insólitos según sus dones de clarividencia y clariaudiencia.

En su obra *En el Umbral del Misterio*, Stanislas de Guaita escribió de Papus:

> "…joven doctor sumamente erudito y disertador, posee una doble personalidad y ha conquistado la celebridad bajo dos nombres distintos. Sus obras de anatomía y fisiología están firmadas como Gérard Encausse. Sus tratados de magia enarbolan otro nombre. Cerebro enciclopédico y pluma infatigable, saludamos a este joven iniciado que disfraza, que desfigura el tremendo seudónimo de Papus. En realidad, sus obras denotan una superioridad trascendente, por lo que es preciso perdonarle tal nombre. Lo cierto es que los amantes de la teosofía pronuncian el nombre de Papus no sólo sin la menor sonrisa sino con aprecio, con admiración".

Papus se consagró al estudio de la luz astral y de su influencia sobre las dolencias y sus terapias, tal como enseñaba Paracelso, al papel de la mente y sus relaciones con el plano astral y el hombre. Durante largos años dirigió sus investigaciones hacia los fenómenos hipnóticos, espíritas, parapsicológicos, exteriorizaciones de la sensibilidad y del magnetismo. Fundó la Escuela de Magnetismo de Lyon, siendo el Maestro Philippe su director.

Sus estudios del cuerpo astral y del plano astral no tenían como objetivo sólo la cura del cuerpo físico, sino principalmente la cura del alma, esto es, su terapia por la iniciación. Hizo de la famosa divisa del Templo de Delfos: *"Conócete a ti mismo"*, su lema de trabajo iniciático y profesional. Estudió profundamente la antigüedad egipcia y los misterios griegos y romanos, concluyendo que entre ellos la Ciencia y la Iniciación estaban íntimamente asociadas.

La Escuela Hermética, que tuvo como profesores a famosos ocultistas de la época, tales como Stanislas de Guaita, Sedir, Barlet, Peladan, Chamuel, Marc Haven, Maurice Barrès (Academia francesa), Víctor-Emile Michelet, entre otros, tenía como objetivo reclutar miembros para las sociedades iniciáticas dirigidas por Papus y por Stanislas de Guaita (y aún existe hoy en pleno vigor), a través de cursos, conferencias, investigaciones ocultistas y publicaciones. Enseñaban hebreo, cábala, tarot, astrología, historia oculta, magia, medicina oculta, poniendo énfasis en su aspecto menos velado y más científico. Papus es considerado como el divulgador del Ocultismo científico de Louis Lucas, que se basaba en la analogía, método que intentaba explicar lo invisible por inferencia a partir de lo visible.

Papus tuvo como maestro intelectual al marqués Joseph Alexandre Saint-Yves d'Alveydre, y como maestro espiritual, como él mismo afirmaba, al Maestro Philippe de Lyon, a partir de 1887 y 1897 respectivamente. Tuvo en su compañero Stanislas de Guaita un incentivador de primera categoría, discípulos póstumos los dos de Eliphas Lévi, Fabre d'Olivet, Saint-Martin y Jakob Böhme.

Practicó también la cábala práctica (*En el Umbral del Misterio*, S. de Guaita) junto con sus dos principales compañeros, con los cuales buscaba el perfeccionamiento espiritual hasta llegar al conocimiento de la divinidad. El adepto debe conocer toda la teoría de la magia, decía Papus, los materiales usados por los magos, los peligros de la magia a los que se enfrentan los practicantes temerarios, la llave de la magia negra, las trampas del enemigo invisible, el control de las pasiones, la eliminación de los vicios, si realmente el Iniciado desea, sinceramente, convertirse en un Maestro y obtener la Salvación.

Su vida fue una acción constante en todos los planos, luchando contra el materialismo y el ateísmo y divulgando la espiritualidad. Visitó Rusia tres veces, siendo recibido por el Zar.

En 1914 fue a la guerra como capitán médico, donde contrajo la tuberculosis en el campo de batalla. Falleció el 25 de octubre de 1916 a los 51 años de edad. Su cuerpo reposa en el cementerio de Père Lachaise (división 93), en París.

Paul Sedir, junto a la tumba de Papus, con ocasión de su entierro, dijo:

> "Imitemos a este Iniciador, que deseó ser sólo un amigo para nosotros y que fue lo bastante fuerte como para ocultarnos sus sufrimientos y sus disgustos bajo una perpetua sonrisa. Enjuguemos nuestras lágrimas; ellas lo retendrían en las sombras; regocijémonos, como él mismo hizo hace tres días por volver a ver finalmente cara a cara al Todopoderoso Terapeuta, al auténtico Pastor de las almas, al Amigo eterno y Bien Amado de quien él fue un fiel servidor. Digamos juntos a Gérard Encausse un hasta luego vibrante; démosle, por nuestras buenas voluntades de ahora en adelante indefectibles, la única recompensa digna de tan largas penas que él soportó por nosotros."

El espíritu de la Orden Martinista fundada por Papus

Comenzaremos, a modo de advertencia, por presentar algunas conclusiones bien fundadas, admitidas hoy en día por los investigadores más recientes y serios[10] de la historia del Martinismo:

Louis-Claude de Saint Martin no ha transmitido iniciación ritual que le sea propia, no ha fundado ninguna Orden de ningún tipo y en consecuencia no ha fundado la Orden Martinista. Sí parece documentado que tenía a su alrededor un grupo de discípulos con quienes compartía la luz espiritual que le animaba[11]. Su círculo íntimo se constituyó de discípulos elegidos y de amigos fieles.

La filiación ritual de las actuales Órdenes Martinistas se remonta a Papus (Dr. Gérard Encause, 1865 - 1916), fundador de la Orden

---

[10] Robert Amadou (1924-2006), Jean-Marc Vivenza, Serge Caillet, etc.

[11] *"Decidió, sobre todo, fundar él mismo una sociedad (comunidad) en la que el propósito sería la más pura espiritualidad, y para la cual comenzó a elaborar a su manera las doctrinas de su Maestro Martínez".* G. V. Rijnberk, citando un artículo de Varnhagen von Ense, fechado en 1.821, sobre Saint-Martin.

Martinista en 1887-91. Esta filiación no puede ser negada. Ahora bien, hay cierta transmisión reconocida por Robert Amadou[12] en Papus (reforzada por la de Augustin Chaboseau), no sustentándose esta en prerrogativas administrativas sino en un legado proveniente de Saint-Martin y su entorno. Papus, hablando de la transmisión de H. Delaage[13] que él recibió, nos dice:

> "Las primeras iniciaciones personales, sin otro ritual que esta transmisión de dos letras y algunos puntos, tuvieron lugar entre 1.884 y 1.885..."[14]

Jean Chaboseau, hijo de Augustin Chaboseau y último Gran Maestro de la Orden Martinista Tradicional, atestigua:

> "Nuestro difunto Hermano Augustin Chaboseau había redactado una nota sobre lo que fue llamado su "iniciación" por su tía Amélie Boisse-Mortemart, nota que no deja lugar a ninguna duda a este respecto. Se trataba únicamente de la transmisión oral de una enseñanza particular y de cierta comprensión de las leyes del Universo y de la vida espiritual, lo que, en ningún caso, podría ser considerado como una iniciación de forma ritualística. Los "linajes" que llegaron a Augustin Chaboseau, a Papus, y a otros y que provienen de Saint-Martin son, en efecto, linajes de afinidades espirituales y de ningún modo están constituidos por una sucesión ininterrumpida de ceremonias intangibles en el seno de una misma sociedad y en nombre de la misma"[15].

El hecho de fundar una Orden Martinista no tenía para Papus y para aquellos que le apoyaron otro objetivo que el de salvaguardar la continuidad del espíritu que anima la iniciación verdadera (la Ciencia del Hombre) tal como lo manifestó Saint-Martin en su vida y su obra; los rituales dispuestos para esta Orden estarían, pues, destinados a poner

---

[12] Louis-Claude de Saint-Martin y el Martinismo. Robert Amadou.

[13] R. Ambelain cuenta que Dellaage, en su lecho de muerte, impuso las manos a Papus consagrándolo "S::: I:::" según la regla, pero sin llegar a transmitirle ninguna tradición secreta. (Le Martinisme. Histoire et doctrine. Robert Ambelain. Ed. Niclaus, París. Pág. 150).

[14] Martinezismo, Willermozismo, Martinismo y Francmasonería. Cap. III, 2. Papus.

[15] Carta de dimisión de Jean Chaboseau como Gran Maestro de la Orden Martinista Tradicional. Septiembre de 1.947. Boletín Informativo del G.E.I.M.M.E. nº 7.

a sus miembros en condiciones interiores de trabajar en un entorno adecuado las enseñanzas del Filósofo Desconocido y mantener vivo este espíritu, compartiendo el esfuerzo individual con el colectivo.

La filiación denominada "rusa", en la que se reagrupan algunas Órdenes Martinistas, no remonta más a Saint-Martin que la de Papus[16].

Poco después de la muerte de Papus, la Orden Martinista propiamente dicha se divide en varias ramas, las cuales a su vez se han vuelto a dividir. Este conjunto de sociedades constituyen la Orden Martinista en el sentido más general.

Tengamos siempre presente que para Saint-Martin, la iniciación ritual, cualquiera que esta sea, es siempre auxiliar, jamás indispensable, y que la verdadera iniciación se cumple en el corazón del Hombre Nuevo, órgano del amor y del conocimiento superior:

> "La santa alianza que sólo se puede encontrar después de una perfecta purificación"[17].

Las fuentes de las que bebe Saint-Martin principalmente y a través de las cuales desarrolla y fundamenta su doctrina son: *"La doctrina de la Reintegración de los Seres"* de Martínez de Pasqually, cuyas enseñanzas adquirió como miembro activo de su "Orden de los Caballeros Masones Élus Cohen del Universo", de la cual se separaría más tarde; la obra del teósofo teutónico Jakob Böhme, su segundo Maestro espiritual, que descubrió ya en la madurez; y el iluminismo cristiano en general donde profundizó recuperando las verdaderas claves del cristianismo que otorgan *"el poder de llegar a ser hijos de Dios"* (Jn. I:12) en espíritu y en verdad, según Jesucristo[18], cuyo

---

[16] A este respecto ver el excelente trabajo presentado por Antoine Palfroy en el Boletín Informativo nº 32 del GEIMME (Monográfico especial sobre el IIº Encuentro Internacional del GEIMME), titulado: "El Martinismo Ruso, ¿ficción o realidad?", Enero de 2012.

[17] El Hombre Nuevo. Saint-Martin.

[18] *"Es no conocer nada de este Reparador*, dirá Saint-Martin, *querer considerarlo solamente bajo sus colores exteriores y temporales, sin remontarse, por las progresiones de la inteligencia, hasta el centro divino al que pertenece".* (*El Ministerio del hombre espíritu*, 2ª parte, Del Hombre).

testimonio perpetúan los Evangelios, pero huyendo de la estrechez exegética establecida en determinadas confesiones religiosas, particularmente en el catolicismo, donde fue educado. Para Saint-Martin:

> "el cristianismo es el complemento del sacerdocio de Melquisedec; es el alma del Evangelio; es el que hace circular en este Evangelio todas las aguas vivas de las que las naciones tienen necesidad para apagar su sed. (…) el cristianismo nos muestra a Dios al descubierto en el seno de nuestro ser, sin el socorro de las formas y las fórmulas. (…) el cristianismo sólo puede estar compuesto de la raza santa y sacerdotal que era la del hombre primitivo, o verdadera raza sacerdotal"[19]. "Un Cristiano es aquél que vive en Cristo, y en quien el poder de Cristo está vivo"[20].

Por último, no está de más recordar que el apelativo "Martinista", en su origen, antes de que Papus (1865-1916) y Augustin Chaboseau (1868-1946) popularizaran este término por la fundación de una Orden conocida bajo esta misma denominación, entre 1887 y 1891, que le benefició de cierta divulgación, proviene precisamente de los Masones del Régimen Escocés Rectificado establecidos en Rusia, así designados porque eran generalmente, más allá de su calidad de hermanos adheridos a la Reforma de Lyon, adeptos más o menos activos de las prácticas de Martines, pero ante todo admiradores entusiastas del pensamiento de Louis-Claude de Saint-Martin, y algunos incluso, como en el caso de Nicolaï Novikof (1744-1818), discípulos directos e íntimos del Filósofo Desconocido.

.
. .

Partiendo de estas premisas, recordemos que un joven Papus (sólo tenía 21 años cuando funda en 1887 la Orden Martinista), con un ingenio y una mente privilegiada como lo muestran sus obras y su

---

[19] *El Ministerio del hombre espíritu*, 3ª parte, De la Palabra.

[20] Vida y doctrina de Jakob Böhme. Franz Hartman. (Citas seleccionadas de la obra de J. B.)

intensa actividad iniciática, se ve determinado a congregar, en un entorno adecuado, a aquellos que de forma directa o indirecta hubiesen recibido el influjo de la actividad de Saint-Martin, y a todos los que de forma honesta y sincera quisieran abrevarse en la fuente de su obra, que ya comenzaba a estar algo olvidada. Según sus declaraciones sobre la naturaleza de la Orden Martinista y de acuerdo al antiguo ritual Martinista del siglo XVIIIº, el marco que diseñó para reunir a aquellas personas con deseo de entender y participar de la obra y el espíritu de Saint-Martin, de acuerdo a la naturaleza de sus enseñanzas, es, como ya vimos al inicio, el de una **Caballería Espiritual Cristiana** operando bajo una gran discreción.

Señalemos también que, dada la desconfianza y los ataques que el clero del catolicismo romano ejercía en la época sobre este tipo de sociedades iniciáticas, y en particular contra aquellos ocultistas declarados como era el caso de Papus, surgió un posicionamiento anticlerical muy marcado que alejaba a la Orden Martinista de toda dependencia o relación con el clero.

Tiempo después, Jean Chaboseau (hijo y sucesor de Augustin Chaboseau), en el corto periodo de tiempo que ejerció como Gran Maestro de la Orden Martinista Tradicional, reivindicaría este espíritu cristiano al observar que algunos Hermanos manifestaban cierta relajación al respecto:

> "*El Martinismo es cristiano*, esencial e integralmente cristiano, y uno no podría concebir a un Martinista que no sea fiel a Cristo -al Cristo Jesús, único Salvador y Reconciliador, Encarnación del Verbo"[21].

Papus planteó así las líneas maestras de esta caballería espiritual y moral basada principalmente en la caridad cristiana, y contrariamente a lo que puedan pensar algunos frente al volumen y la diversidad de su obra, interesada en divulgar y justificar aquello que hasta la época era denominado "Ciencia oculta", nos da muestras de estos ideales sin distracciones, tal como hemos comprobado.

---

[21] Carta de dimisión de Jean Chaboseau como Gran Maestro de la Orden Martinista Tradicional. Septiembre de 1.947. Boletín Informativo del G.E.I.M.M.E. nº 7.

Con estos ideales, que inspiran el ritual Martinista, la invocación en todos los trabajos de **Ieshuah**, el divino Reparador, y *"bajo los auspicios del Filósofo Desconocido, nuestro Venerable Maestro"*, se opera en la búsqueda y la realización de la única iniciación que proclama Saint-Martin como verdadera:

> "aquella por la que podemos entrar en el corazón de Dios, y hacer entrar el corazón de Dios en nosotros, para hacer un matrimonio indisoluble, que nos haga *el amigo, el hermano y el esposo de nuestro divino Reparador*"[22].

.
 . .

Reconociendo el carácter místico y cristiano de la Orden, respetando en todo momento la libertad del individuo, agrupando a aquellos que *silenciosa y pacientemente buscan la verdad*, siempre se ha mantenido en el Martinismo un espíritu abierto y respetuoso con otras vías tradicionales, pues la experiencia de lo divino trasciende a las formas que se acercan a ella y, lejos de separar, une aún más a los hombres que se reconocen así como participando de la misma naturaleza celestial; pero le será más difícil mantener el rumbo adecuado al peregrino que se distrae en los cruces de caminos. R. Ambelain nos dice:

> "La Verdad es una, y las doctrinas esotéricas no son más que rayos que de ella escapan. Sin duda. Pero es necesario que cada una ocupe su lugar; no es armonioso que un lama predique el evangelio, que un imán enseñe el tantrismo, que un yogui sólo afirme las Tríadas y que un cabalista se declare taoísta"[23].

Respetando así las vías que han sido abiertas, la ascesis Martinista sigue la luz de **Ieshuah**, nuestro guía, el Reparador, encarnado para guiarnos en el camino de la Reintegración renaciendo continuamente en los corazones iluminados e inflamados por el Espíritu Santo. Pero

---

[22] Carta a Kirchberger, 19 de junio de 1797.

[23] *Le Martinisme*. Histoire et doctrine. Robert Ambelain. Ed. Niclaus, París. Pág. 158.

es que la Potencia de este Reparador, *Espíritu doblemente fuerte u Octonario*[24] que Dios envió para regenerar al Adán Kadmón caído en la materia, es universal.

> "Toda la religión Cristiana [religión en su verdadero sentido de religar al hombre con Dios] está basada en el conocimiento de nuestro origen, de nuestra actual condición y de nuestro destino. Ella muestra primero cómo de la unidad caímos en la diversidad, y cómo podemos retornar al estado primordial. Segundo, muestra lo que éramos antes de volvernos desunidos. En tercer lugar, explica la causa de la continuación de nuestra presente desunión. Y, en cuarto lugar, nos instruye sobre el destino final de los elementos mortales e inmortales dentro de nuestra constitución. Todas las enseñanzas de Cristo no tienen otro objetivo que el de mostrar el camino para volver a ascender de un estado de diversidad y diferenciación a nuestra unidad original..."[25], porque "Todo lo que es coeterno con ella [con la Unidad] es perfecto. Todo lo que se separa de ella está alterado o es falso"[26].

Esta es la enseñanza de nuestras Luminarias: *"la diversidad retornando siempre hacia la Unidad"*[27]. Sólo en este sentido puede el Martinista ser considerado FILÓSOFO o AGENTE DE LA UNIDAD, título que jamás adquirirá a través de la ciencia del hombre ni a través de sincretismo de ningún tipo, ya que

> "Todas nuestras disputas y especulaciones intelectuales con relación a los misterios divinos son inútiles, pues se originan en fuentes externas. Los misterios de Dios sólo pueden ser conocidos por Dios; para conocerlos debemos primero buscar a Dios en nuestro propio centro. Nuestra razón y voluntad deben retornar a la fuente interior de la cual se originan; entonces llegaremos a la verdadera ciencia de Dios y sus atributos"[28].

---

[24] Doctrina de la Reintegración de los seres. Martinez de Pasqually.

[25] Vida y doctrina de Jakob Böhme. Franz Hartman. (Citas seleccionadas de la obra de J. B.)

[26] De los Números. Epígrafe X. Saint-Martin.

[27] "Rituel de l'Ordre Martiniste" escrito por Téder; reproducción integral de la edición de Dorbon, París - 1.913. Ed. Télètes, París, 2002. Pág. 61.

[28] Vida y doctrina de Jakob Böhme. Franz Hartman. (Citas seleccionadas de la obra de J. B.)

Si dedicamos nuestra vida sólo a cultivar el saber intelectual cuya complejidad hunde sus raíces en la imaginación y la razón humanas, percibiremos que cuanto más aprendemos, más se aleja de nosotros el límite de lo que nos queda por aprender. Pero si en un solo instante nuestro corazón se abre a la fuente divina, la gnosis eterna, *Sophia*, romperá el velo que envuelve nuestro verdadero entendimiento revelándonos la sabiduría celeste, aquella de la cual la verdad humana no es más que un sombrío reflejo desfigurado y a veces pervertido. Es así que, repito una vez más, el verdadero cristianismo se hace universal, pues abiertos los ojos del espíritu, el ser regenerado se da cuenta de que

"Todos nuestros sistemas religiosos no pasan de ser obras del intelecto. Debemos repudiar todos los deseos personales, disputas, ciencias y voluntad, si queremos restaurar la armonía con la madre que nos dio nacimiento en el principio; por el momento, nuestra alma es el quintal de centenas de animales maliciosos, que nosotros mismos colocamos allá, en el lugar de Dios, y a los cuales adoramos como si fuesen dioses. Tales animales deben morir antes que el principio Crístico pueda comenzar a vivir. El hombre debe retornar a su estado natural (pureza original), antes de poder volverse divino". "Sólo aquél en quien el Cristo existe y vive es un Cristiano, un hombre en quien el Cristo surgió de la carne estéril de Adán. Él será un heredero de Cristo –no por cuenta de méritos de nadie, ni por ningún favor concedido a él por un poder externo, sino por la gracia interna". "Él [el verdadero cristiano] posee una única ciencia, que es la del Cristo interior; sólo tiene un deseo, hacer el bien"[29].

Si entendemos correctamente esto comprenderemos por qué *"el propósito de nuestra Orden no es el de establecer maestros dogmáticos, sino más bien, al contrario, agrupar a sinceros estudiantes devotos de la hermandad de la verdad universal"*, oponiéndose a todo *"dogma, ostracismo y fanatismo"*.

Desafortunadamente, quien no alcanza a entender el verdadero sentido de estas palabras en el contexto natural que les corresponde, camina justo en sentido contrario, no hacia el origen unificador del

---

[29] Vida y doctrina de Jakob Böhme. Franz Hartman. (Citas seleccionadas de la obra de J. B.)

Cristo, sino hacia una proyección que divide hasta el infinito a la frágil razón humana, que se cree poderosa cuanto más atrapada se encuentra en la imaginación demoniaca y más se pierde así en los valles tenebrosos de la muerte.

> "Feliz, en verdad, es ese hombre que encuentra la sabiduría que le unifica y le une a Dios"[30].

·
· ·

Debemos aclarar aquí que, a menudo, algunas veces por ignorancia y otras por intentar justificar una transmisión iniciática horizontal según los usos ceremoniales o rituales, se pretende equiparar la Iniciación, tal como la concibe Saint-Martin, con esta otra que se dispensa en el seno de la Orden Martinista, tal como fue ordenada por Papus, y que se fue desarrollando con ciertos matices según las distintas ramas que han surgido de la Orden primera. Esto es absurdo, pues tal como hemos dicho, la Iniciación que proclama Saint-Martin es algo interno que ocurre en el corazón del hombre, en su fondo, en su esencia, revelándose finalmente como una teofanía, una obra de generación de la presencia divina, pues Dios, el Verbo, se manifiesta sustancialmente como Dios en el hombre, Dios manifestado por el hombre, Dios pronunciando su Verbo en nosotros, *Emmanuel*, el Hijo amado del Padre surgiendo de las profundidades del abismo insondable de nuestro ser:

> "...el Dios único que ha elegido su santuario único en el corazón del hombre, y en este hijo querido del espíritu que todos debemos hacer nacer en nosotros..."[31].

Es evidente que esta **revolución interior** no puede ser concedida por nadie, porque es fruto y consecuencia de la regeneración que sólo el ser, **por sí mismo**, puede llevar a cabo con la ayuda de Dios.

---

[30] La nube del no-saber y el libro de la orientación particular. Anónimo inglés s. XIV. Ed. San Pablo, 1.981. Pág. 224.

[31] El Hombre nuevo, epígrafe 27. Saint-Martin.

"Las sociedades iniciáticas -nos dice Papus- tienen por objeto principal desarrollar la naturaleza humana y hacerla apta para recibir las influencias directas de los planos superiores. Deben desarrollar, sobre todo, la intelectualidad sin descuidar la espiritualidad; he aquí uno de los axiomas que enseñan: la iniciación es siempre individual y la sociedad no puede más que enseñar la ruta, para evitar los senderos peligrosos"[32].

Y en el caso que nos ocupa, esta ruta viene trazada en la Obra de Saint-Martin, a cuyo estudio y asimilación está dedicado todo Martinista para llegar a alcanzar el estado de regeneración espiritual del que hemos hablado. La Orden Martinista se convierte así en una **congregación fraternal de** *Hombres de Deseo* animados por aspiraciones puras a convertirse en *Hombres Nuevos*, y si la gracia les alcanza, en *Hombres Espíritu*, verdaderos Hijos de Dios.

.
. .

Papus fue también el principal animador de un movimiento de renovación, a finales del siglo XIXº, de los estudios esotéricos. Rodeado de escritores de talento, investigadores y eruditos, se propuso, y así lo hizo, hacer llegar al público, incluso a los menos enterados, esta forma misteriosa y peculiar de comprender el universo, la metafísica y la ciencia. Pero la prolífica obra y actividad de Papus no siempre ha ayudado a mantener el Martinismo dentro de lo que deberían ser sus legítimos límites, al igual que algunos de sus colaboradores que participaban también de un afán por reunir el conocimiento disperso a través de las distintas tradiciones. De aquí que se hayan añadido al estudio de la doctrina Martinista conceptos provenientes de la kábala, la astrología, el hermetismo, la magia, el tarot, la alquimia, etc., y esto se ha incrementado en mayor o menor medida según nuevos desarrollos han venido separándose del origen. Ya en los rituales preparados

---

[32] *Tratado elemental de Ciencia Oculta*. Papus. Ed. Humanitas, Barcelona, 1.988. Pág. 290.

por Téder[33] para masonizar la Orden, aprobados por el Supremo Consejo de la misma en 1913, se pretende hacer del Martinismo un receptáculo de las claves de la Sabiduría Antigua según la historia del hermetismo, de sus doctrinas, de sus ritos, de sus ceremonias y de sus hieroglifos, recogiendo así ciertas tradiciones rosicrucianas herméticas y cabalistas, todo esto mezclado con continuas referencias al Filósofo Desconocido y a su primer maestro, Martinez de Pasqually, olvidando, tal como advertía Saint-Martin, que

> "la posesión de todas las ciencias posibles sólo sería para nosotros un tesoro embarazoso, dudoso e incluso pernicioso, si no hemos sido bien instruidos por adelantado sobre cuál debe ser su verdadero objetivo, y cuáles son los medios que tenemos continuamente que tomar para cumplir perfectamente su objeto"[34].

Fue muy fácil y muy seductor caer en los mismos errores que intentó combatir Saint-Martin al separarse del sistema masónico, sobre el que Téder quería volver a fundamentar de nuevo el Martinismo, intento que el propio destino abortó, si es que podemos hablar de destino donde la providencia divina actúa. Esto provocó que, tras la muerte de Papus, un grupo de Hermanos y Hermanas retomara el primer espíritu de la Orden volviendo a la sencillez de sus primeros rituales, dando nacimiento así a la Orden Martinista & Sinárquica que se ha mantenido activa hasta nuestros días.

No podemos negar que ninguna rama del Martinismo moderno ha quedado exenta de esta influencia ocultista, más o menos, y es por ello que, en los tiempos actuales, ha llegado la hora de poner orden dentro de casa y separar lo propio de lo ajeno, recobrando así la verdadera identidad que, por su naturaleza intrínseca, de acuerdo a su origen verdadero, le corresponde al Martinismo. No quiero restar importancia ni menospreciar otras importantes tradiciones,

---

[33] "Rituel de l'Ordre Martiniste" escrito por Téder; reproducción integral de la edición de Dorbon, París - 1.913. Ed. Télètes, París, 2002.

[34] Las Vías de la Sabiduría, Obras póstumas. Saint-Martin.

muy al contrario, siento por ellas un profundo respeto, pero creo que no forman parte del sistema que nos es propio y que se ha dado en llamar la "**vía del corazón**" o una "**teúrgia intracardiaca**", de la cual Saint-Martin dice:

> "tenemos lo interno que lo enseña todo y protege de todo, el corazón, donde todo pasa entre Dios y el hombre, por la mediación única de Cristo y los desposorios de la sabiduría. El reencuentro con la cosa se hace místico"[35].

En los prolegómenos de los primeros "Cuadernos de la Orden reservados a las Logias Regulares y a los Iniciadores"[36], redactados entre 1.887 y 1.891, se hace la siguiente referencia a Nuestro Venerable Maestro, dicho el Filósofo Desconocido:

> "Iniciado en la práctica del hermetismo por Martinez de Pasqually, en el conocimiento del Absoluto por mediación de las obras de Jakob Böhme, Saint-Martin defendió siempre la pureza de la Tradición contra las usurpaciones de los profanadores".

Si Saint-Martin pudiese ver las aberraciones que han aparecido y siguen apareciendo en relación con su nombre y su obra, posiblemente se hubiese avergonzado de lo que algunos proclaman o han proclamado como Martinismo, pues los profanadores han terminado por usurpar el mismo título de "Martinista".

.
. .

Cualquiera que sea el vehículo, **la iniciación Martinista debe estar totalmente penetrada por el espíritu de Saint-Martin.** Por lo tanto, Hermanos Martinistas, pongamos manos a la obra y no perdamos

---

[35] Robert Amadou, Introducción, en el *Tratado sobre la Reintegración*, Colección Martinista, 1.995.

[36] Documents Martinistes, Nº 14. "Cahiers de l'Ordre au temps de Papus". Robert Amadou.

más tiempo con distracciones que, la mayoría de las veces, sólo nos conducen a dar vueltas en un círculo sin principio ni fin, y cuando invoquemos a los Maestros Pasados, pidamos ayuda para reconocer el verdadero Camino de la Reintegración, **la Ruta Interior que le trazó el Filósofo Desconocido** por la voz grave y amable de Louis-Claude de Saint-Martin. Nuestro camino es silencioso y más bien solitario, y nuestros trabajos colectivos están imbuidos de caridad[37] cristiana y, como consecuencia de ello, de una profunda y sincera fraternidad entre los miembros. Un Templo Martinista jamás puede ser manchado por el fanatismo, la animosidad, la falsedad y la discordia, y siempre deben habitar en él la caridad, la paz, la verdad, la bondad, la compasión y la comprensión. *"Que la paz, la alegría y la caridad permanezcan en nuestros pensamientos, en nuestros labios y en nuestros corazones, ahora y por toda la eternidad"*, para que podamos ser reconocidos por nuestros Hermanos y nuestros Maestros, tanto visibles como invisibles.

Tal es la obra a cumplir en el seno de nuestra Orden, que debe emular en lo posible esa "Sociedad" pensada por Saint-Martin como una **Fraternidad del Bien**, de **Hermanos Silenciosos e Invisibles** consagrando sus trabajos a la **celebración de los misterios del nacimiento del Verbo en el alma**, círculo íntimo de piadosos **Servidores de Ieshuah**, que no debería tener *"ninguna especie de parecido con ninguna de las sociedades conocidas"*[38].

> "[Nuestras] enseñanzas son elementales, los símbolos poco numerosos, pero suficientes al modesto objetivo de nuestra Orden. Sus miembros conocen pocas cosas, pero las conocen bien y poseen los elementos de

---

[37] *"Ved cómo el amor conduce a la caridad, y, en efecto, durante este paso temporal, el amor no puede tener otra base, puesto que es por la caridad que las virtudes divinas descienden hasta la estancia de nuestra corrupción; puesto que es por la caridad que el universo tuvo nacimiento y se sostiene; puesto que es por la caridad que se disolverá, para que el tiempo de expiación llegue a su fin, la paz reaparezca en Israel, y el corazón del hombre vaya a regarse directamente a su fuente"*. Las Vías de la Sabiduría, Obras póstumas. Saint-Martin. Ver también el "Himno al amor cristiano", Primera Carta a los Corintios, 13 (San Pablo).

[38] El Cocodrilo, canto 14. Saint-Martin.

un desarrollo personal que puede conducirles aún más lejos. Desconocidos y Silenciosos, no esperan otra cosa de sus trabajos que la infinita satisfacción que procura la seguridad de una conciencia pura y de un corazón dispuesto a todos los sacrificios por la humanidad"[39].

Gérard Anaclet Vincent Encausse Papus

---

[39] Documents Martinistes, Nº 14. "Cahiers de l'Ordre au temps de Papus", "But de l'Ordre". Robert Amadou.

BREVE HISTORIA DEL MARTINISMO

Haremos referencia aquí a la Historia del Martinismo y de la Orden Martinista. Esta distinción se hace porque el Martinismo, como gran movimiento espiritual, es mucho más antiguo que cualquier otra organización con este nombre (Orden Martinista).

El Martinismo actual comenzó con Martínez de Pasqually y con su Orden de los Élus Cohen o Sacerdotes Elegidos. Evolucionó en diferentes direcciones hasta llegar a nosotros de una forma más modernizada, debiendo mucho a Papus y sus colaboradores. Intentaremos analizar aquí brevemente la evolución histórica de cada parte del movimiento y también la cuestión de los orígenes doctrinarios e iniciáticos del Martinismo.

Martínez de Pasqually y los Élus Cohen

Podemos decir que ningún movimiento masónico ejerció tanta influencia en la Francia del siglo XVIII como el movimiento iniciado por Martínez de Pasqually, que se conocería más tarde como Martinismo.

El nombre completo de Martínez de Pasqually era Jacques Livron Joachim de la Torre de la Casa Martínez de Pasqually, y nació en Grenoble, Francia, probablemente en 1725. Su padre nació en Alicante, España, y poseía una Patente Masónica dada por Charles Stuart, Rey de Escocia, Irlanda e Inglaterra, fechada el 20 de mayo de 1738 que le garantizaba, como Diputado Gran Maestro, el poder erigir Templos a la Gloria del Gran Arquitecto del Universo. Esta patente y los poderes conferidos a él fueron transmitidos a su muerte a su hijo. Debido a esto, Joachim Dom Martínez de Pasqually, a los 28 años, ya era Maestro Masón.

Martínez trabajó toda su vida en la creación de un gran movimiento espiritualista dentro de las filas de la Masonería. Cuando finalmente lo organizó como una Orden, no necesariamente masónica pero compuesta solamente por masones, le dio el nombre de "Orden de los Caballeros Masones Élus Cohen del Universo" (Élu = Elegido, Cohen = Sacerdote).

La misión espiritual de Martínez comenzó probablemente a finales de 1758, pero existen dudas de que en aquel periodo haya trabajado activamente en la promoción de la Orden Masónica. Era el periodo en que los entonces llamados "Altos Grados" estaban siendo introducidos en la Masonería para complementar los tres grados simbólicos de la Logia Azul:

1 – Aprendiz
2 – Compañero
3 – Maestro Masón

La introducción de esos Altos Grados fue muchas veces desaprobada por las Autoridades Masónicas que controlaban los Grados Simbólicos.

El propio Martínez no se involucró activamente en la creación de estos nuevos grados masónicos, sino que trabajaba en la formación de un tipo de organización que tendría un carácter más espiritual que la Masonería. Sin embargo, para esta singular organización, sólo admitía masones que hubiesen adquirido los grados adicionales de "Elegidos".

Hemos dicho que antes de fundar la Orden de los Élus Cohen, Martínez había trabajado en las "Filas Masónicas". Por eso, en 1754, había fundado en Montpelier el Capítulo Masónico "*Les Juges Ecossais*" (Los Jueces Escoceses).

Entre 1755 y 1760, encontramos a Martínez viajando intensamente por Francia, reclutando seguidores para su propio movimiento. En 1760 se halla en Toulouse, donde es recibido en la Logias Unidas de San Juan (Loges de St. Jean Réunies). Más tarde, en el mismo año, es recibido en la Logia "Josué" de Foix, donde inicia a algunos masones y forma un capítulo llamado "*El Templo Cohen*".

En 1766 Martínez está en Burdeos donde, por el valor de su Patente otorgada por Stuart y con la recomendación del Conde Maillon d'Alzac, del Marqués de Lescourt y de los Hermanos d'Auberton, es recibido en la Logia "*La Française*".

Abre su "Templo Particular" bajo el nombre de "*La Perfection Élus Ecossaise*" (La Perfección Escocesa Elegida). Los miembros fundadores son: Conde M. d'Alzac, Marqués de Lescourt, los dos hermanos d'Auberton, de Casen, de Bobie, Jules Tafar (ex Mayor de la Guardia Granadina), Morie y Lecombard. El 26 de mayo de 1763, Martínez envía su patente de Stuart a la Gran Logia de Francia e informa que erigió en Burdeos, a la Gloria del Gran Arquitecto, un Templo comprendiendo los 5 grados de perfección en el que dice: "Soy un depositario de la Orden masónica según la Constitución de Charles Stuart, Rey de Escocia, Inglaterra e Irlanda, y Gran Maestro de todas sus Logias sobre la faz de la Tierra". El nombre de esa Logia se cambió entonces por "*La Françaisse Élu Ecossaise*".

El 1 de febrero de 1765, la Gran Logia de Francia aprueba y reconoce su Logia. Siguen así las actividades masónicas de Martínez según la concepción de un plan para crear una Orden espiritualista: Los Élus Cohen. En Burdeos, funda su "Templo Particular", con el nombre de "*La Perfection Élu Ecossaise*". Esta Logia fue también reconocida por la Gran Logia de Francia el 1 de febrero de 1765.

Todavía en 1765, Martínez va a París, donde se queda con los Monjes Agustinianos en "Quai de la Seine". Allí encuentra a los Hermanos:

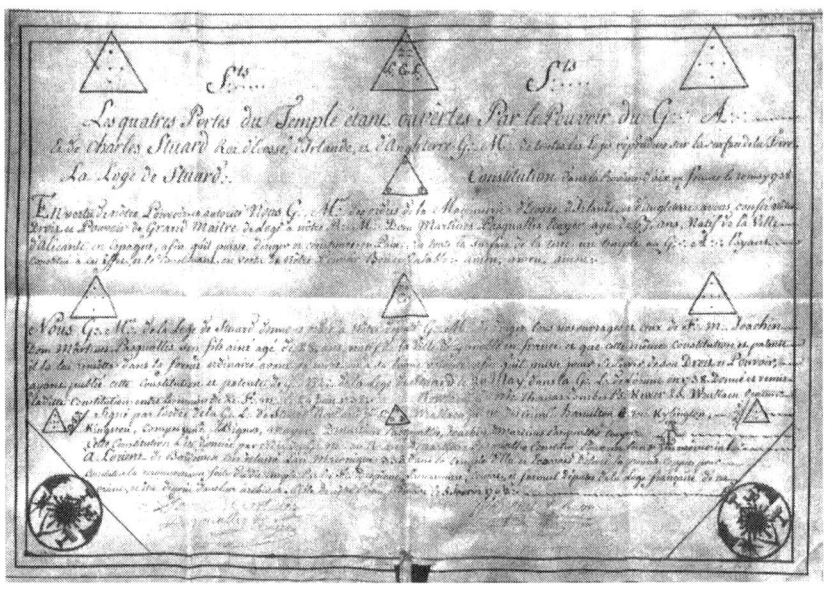

Copia de la Patente presentada por Martinez de Pasqually en la Logia *La Française* el 5 de enero de 1763, en presencia de algunos de sus miembros durante el curso de una ceremonia que tuvo lugar en el templo *Élu et Ecossais*

Bacon de la Chevalerie, de Lusignan, de Loos, de Grainville, J.B. Willermoz, Fauger d'Igneacourt, etc., y entrega sus primeras instrucciones; funda con ellos el 21 de marzo de 1767 (Equinoccio de Primavera) el "Soberano Tribunal de la Orden de los Élus Cohen", con Bacon de la Chevalerie como Diputado.

En 1770, El Rito de los Élus Cohen ya tiene templos en numerosas ciudades: Bordeaux, Montpelier, Avignon, Foix, La Rochelle, Versailles, París y Metz. Se abre un templo en Lyon y, gracias al entusiasmo de Jean-Baptiste Willermoz, esta ciudad se volverá por muchos años la capital espiritual de la Orden.

Durante este tiempo en Burdeos, en marzo de 1766, la Logia "La Françaisse Élu Ecossaise" cierra las puertas. Notamos que el secretario de Martínez hasta aquella fecha era el Padre Bullet, Padre del Regimiento de Foix, que poseía el título de S.I.

En mayo de 1772 Martínez embarca hacia Santo Domingo en el "Duc de Duras", después de haber solicitado su "certificado de catolicismo", supuestamente para solucionar un tema de una herencia familiar, continuando desde allí su actividad en la Orden. Un miércoles, 20 de septiembre de 1774, Martínez muere en Puerto Príncipe, Haití. Deja un hijo, entonces en la Facultad de Lescar, cerca del Puerto. Este hijo desaparecerá durante la Revolución Francesa, 20 años después. Fue bautizado el 24 de junio de 1768.

De acuerdo con los documentos que se han estudiado, la Orden de los Élus Cohen parece haber tenido nueve, diez y hasta once grados. Esto ha causado alguna confusión. Hallamos que, como ocurre en otras órdenes, se desarrollaron una cierta cantidad de grados durante el curso de su existencia, donde algunos grados fueron modificados. Es cierto que Martínez autorizaba algunas modificaciones y adiciones en los grados a medida que sus miembros progresaban, desde el inicio de los trabajos de la Orden hasta sus últimos días.

La Orden fue dividida en tres clases principales, seguidas por una graduación secreta. La primera clase contenía los 3 grados normales de San Juan o de la Masonería Simbólica, en otras palabras, los grados del Arte Masónico: 1° Aprendiz, 2° Compañero, 3° Maestro. Esta clase estaba separada de la clase siguiente por un grado complementario: el 4° grado, que era el de Gran Elegido o Maestro Particular. La Segunda clase contenía los grados del Pórtico, en número de tres: Aprendiz-Cohen, Compañero-Cohen y Maestro-Cohen. La tercera clase contenía los grados del Templo, también en número de tres: a) Gran Maestro Elegido Cohen; b) Gran Arquitecto o Chevalier d'Orient (Caballero de Oriente); c) Commandeur d'Orient (Comendador de Oriente) o Gran Elegido de Zorobabel. En la Orden, la graduación secreta contenía el grado de Réau+Croix (término que no debe ser confundido con Rose✠Croix, Rosacruz). Vemos entonces que en total hay 11 grados, pero si consideramos los 3 grados de la masonería simbólica externa y el grado de Gran Elegido como pertenecientes a una orden externa, la Orden de los Élus Cohen en sí contenía 7 grados.

Referencias encontradas en correspondencias entre Saint-Martin, entonces Secretario de Martínez, y Willermoz, jefe de los Élus Cohen de Lyon, hacen alusión a las siglas "G. R.", llevando a algunos eruditos a afirmar que por encima del conocido grado secreto de "Réau+Croix" había uno más secreto, el de "Gran Réau", que puede que nunca haya sido conferido a nadie. Jamás fue encontrada ninguna información que confirme este supuesto.

Considerando que la Doctrina General de los Élus Cohen era "*ne varietur*", la constitución y las operaciones variaban y la estructura de la Orden parecía diferente en sucesivos documentos. Después de esto, la estructura general de grados fue dividida en tres clases principales.

En esa época, la Gran Logia de Francia no reconocía los "Altos Grados". Los masones visitantes eran, por este motivo, recibidos en la forma de "Logia Azul" en los Templos Élus Cohen. El término Logia Azul, en la masonería continental, se refiere a los primeros Tres Grados o Grados Simbólicos, usualmente conocidos como Grados del Arte en países de lengua inglesa, y constituyen la primera clase de los Élus Cohen bajo el nombre de Masonería de San Juan.

La Segunda Clase, de los Grados del Pórtico, aunque era externamente masónica, contenía rasgos de una subyacente doctrina secreta.

La Tercera Clase, formada por los Grados del Templo, constituía los Altos Grados de la Orden. Se usaban los instrumentos y simbología masónica, pero el catecismo estaba basado en la Doctrina General de Martínez. En el grado de Gran Arquitecto, idéntico al de Chevalier d'Orient (Caballero de Oriente), el miembro atravesaba por una purificación física a través de una dieta en la cual se abstenía de ciertos tipos de carne y de ciertos órganos de determinados animales, grasas, etc. Esa dieta, que era altamente selectiva y no puede ser confundida con el vegetarianismo extremo, era similar a las dietas de los Levitas descritas en el Antiguo Testamento. El Gran Arquitecto presenta operaciones destinadas a expulsar el Poder de las Tinieblas que traspasaba el aura de la Tierra. También colaboraba en espíritu con las operaciones realizadas por el Gran Maestro Martínez. Este Grado de Gran Arquitecto constituía en la práctica el de Aprendiz Réau+Croix.

El más Alto Grado del Templo, el de Comendador de Oriente y Gran Elegido de Zorobabel, es un grado más pasivo, en el que el miembro no se ocupa de ninguna operación. Es el periodo de descanso antes de la ordenación a la Orden Secreta de los Réau+Croix. La enseñanza está basada en la leyenda de Zorobabel (o Zerubbabel), y se hace mención a un "Puente" que debe ser cruzado por el candidato en el camino de los Misterios de Eleusis.

En el grado secreto de Réau+Croix, el iniciado es colocado en contacto con las palabras del Além (Las esferas del Poder Celeste) a través de la Alta Magia. Puede dirigir aquí el poder celestial hacia el aura de la Tierra. Manifestaciones visuales y sonoras permitían al Réau+Croix avalar su propia evolución (y de otros invocados) y ver si él o ellos se reintegraban al poder original.

El secreto desconocido del Gran-Réau debe haber sido reservado para la suprema prueba de la Orden, la última y nunca alcanzada operación que era la invocación del "Cristo Glorioso", el Reparador, Adán Kadmon reintegrado.

Notamos que los grados del Pórtico eran separados de los grados Simbólicos por un grado de Gran-Élu (Gran Elegido) o Maestro Particular. Este era probablemente conocido como el "Grado de Venganza", cuyos votos de secreto eran renovados en una ceremonia practicada para que el poder mágico trazara la retribución a aquellos que renunciaban a sus obligaciones.

Debemos cerrar este primer capítulo de la historia observando que Martínez confirió el título de Soberanos Jueces y Superiores Desconocidos de la Orden a los cinco dignísimos superiores Réau+Croix: B. de Chevalerie, J.B. Willermoz, de Serre, du Roy d'Hauterive y de Lusignam.

Antes de su muerte Martínez había elegido a su sucesor, su primo Armand Cagnet Lestére, Secretario General de la Marina en Puerto Príncipe, Haití. Este Hermano tenía muy poco tiempo para dedicar a la Orden y podía cuidar solamente de los templos Cohen de Puerto Príncipe y de Leogane, en Haití. En esta época ocurrieron algunas escisiones en los templos de Europa. A.C. de Lestére murió en 1778 después de transmitir sus poderes al M∴P∴M∴ Sebastián de las Casas. El nuevo Gran Maestro no trató de reconciliar las diferentes ramas de los Élus Cohen ni de unificar el rito. Poco a poco, los templos Élus Cohen fueron adormeciendo.

A pesar de todo, la doctrina continuó siendo transmitida de persona a persona o dentro del Areópagos Cabalísticos (*Aréopages Cabalistiques*) compuestos de 9 miembros. En 1806 aún se practicaban operaciones conjuntas en las fechas de los equinoccios. Uno de los últimos representantes directos conocido de los Élus Cohen fue el Venerable Maestro Destigny que murió en 1868.

Muchos de los discípulos de Martínez se destacaron, tal como el Barón d'Holbach que escribió "The System of Nature" (El Sistema de la Naturaleza); el Sabio Hebreo y Cabalista Duchanteau que es el autor de "Magic Calendar" (El Calendario Mágico); Jacques Cazzote, famoso autor de "Devil in love" (El Diablo Enamorado); Bacon de La Chevalerie; Jean-Baptiste Willermoz, que tendría un importante papel en la Masonería, y el célebre Filósofo Desconocido, Louis-Claude de Saint-Martin.

Llegamos a lo que parece ser el final de la línea original de los Élus Cohen. Felizmente el Martinismo no murió con esta primera Orden fundada por Martínez. Mucho antes de que la Orden perdiera su vitalidad, dos eminentes Élus Cohen preservaron la doctrina original: El primero, Jean-Baptiste Willermoz, la integró en algunos ritos de la Masonería, el otro, Louis-Claude de Saint-Martin, incorporó a ella una sistemática teosófica perpetuada por iniciaciones personales.

Jean-Baptiste Willermoz y los Caballeros Bienhechores de la Ciudad Santa

Jean-Baptiste Willermoz nació en Lyon, Francia, el 10 de Julio de 1730. Su Padre, Claude Cathrin Willermoz, era un comerciante de artículos para costura. J.B. Willermoz fue educado en el "Trinity School" de Lyon. Abrió su propio negocio de tejidos y sedas en 1754.

Desde 1750, cuando tenía 20 años, Willermoz ya era masón. En 1752 fue nombrado Venerable Maestro de su Logia. En 1753 funda la Logia "*La Parfaite Amitié*" (La Perfecta Amistad), en la que es elegido Venerable Maestro el día de San Juan, 24 de junio de 1753. En 1756, su Logia se une a la Logia Madre de Lyon. La Carta Constitutiva de Regularización de la Gran Logia de Francia está fechada el 21 de noviembre de 1756.

El 4 de mayo de 1760, el Venerable Maestro de la Logia "L'Amitié" (20 miembros), "*La Parfaite Amitié*" (30 miembros) y "*Les Vrais Amis*" (12 miembros) crean, con la aprobación de la Gran Logia de Francia, la Logia Madre Provincial llamada "Grande Loge des Maîtres Réguliers de Lyon" (Gran Logia de Maestros Regulares de Lyon). Willermoz es el Gran Maestro Provincial desde 1762 a 1763 y posteriormente Guardián de los Sellos y Archivista. En 1763, funda el "Souverain Chapitre des Chevaliers de L'Aigle Noir" (Soberano Capítulo de los Caballeros del Águila Negra). Observamos entonces que, a partir de ahí, Willermoz se vuelve un Masón muy activo.

En mayo de 1767, Willermoz participa de un viaje a París donde se encuentra con Bacon de la Chevalerie, Gran Maestro Diputado de los Élus Cohen. Es iniciado personalmente por Martínez en Versalles. En 1772, Willermoz tiene conocimiento de la existencia de una Orden Masónica Germánica llamada "Estricta Observancia Templaria". El 14 de diciembre de 1772, Willermoz solicita por carta su afiliación. Recibe una respuesta fechada el 18 de marzo de 1772 del Conde Weiler. El Duque de Brunwick reemplaza a Von Hund en la dirección de la "Estricta Observancia", que es llamada "*Loge Ecossaise Rectifiée La Bienfaisance*" (Logia Escocesa Rectificada La Beneficencia).

En diciembre de 1777, tres años después de la muerte de Martínez, Rodolphe Salzmann, "*Maestro de los Novicios del Directorio de Estrasburgo*", llega a Lyon donde es recibido como Élu-Cohen. Tenía conocimiento de que, por entonces, la Orden de los Élus Cohen estaba sufriendo desavenencias internas y falta de liderazgo. Como muchos otros miembros sinceros, Willermoz vio que la Orden estaba condenada a desaparecer y estaba ansioso por preservar lo que pudiese ser salvado. Con la ayuda de Salzmann y con la aprobación de Bacon de la Chevalerie, Willermoz ideó un proyecto de implantación de la doctrina secreta de los Élus Cohen en el Rito de la Estricta Observancia. Planea hacer esto añadiendo a las primeras clases de la Estricta Observancia una clase superior llamada "Profesión" (Porque los miembros serían profesos, significando que hacían votos), conteniendo dos grados: "Caballero Profeso" y "Gran Profeso", en los que la doctrina de los Élus Cohen sería transmitida; de ese modo, suavizaba la diferencia con los Réau+Croix. No era su intención implantar las operaciones teúrgicas de los Élus Cohen en la Estricta Observancia.

Una reunión general en el Convento de las Galias, en Lyon, se llevó a cabo desde el 25 de noviembre al 10 de diciembre de 1778, convocada por Willermoz. Se decidió reformar la Provincia Auvergne de la Estricta Observancia Templaria de Francia, dándole el nombre de *Chevaliers Bienfaisants de la Cité Sainte* (Caballeros Bienhechores de la Ciudad Santa o C.B.C.S.). Nace así el Régimen Escocés Rectificado tal como es en la actualidad. Los grados eran: 1°- Aprendiz, 2°- Compañero, 3°- Maestro, 4°- Maestro Escocés, 5° Ecuyer Novice (Escudero Novicio), 6°- C.B.C.S. (Caballero Bienhechor de la Ciudad Santa), 7° Chevalier-Profés (Caballero Profeso) y 8°- Grand-Profés (Gran Profeso).

Después de esta reforma, Willermoz decidió que sería acertado llevar esta acción a la Gran Logia Madre, la Estricta Observancia de Alemania. Con esto en mente fue al Convento de Willemsbad en 1782. Encuentra apoyo para su plan en la persona del Príncipe Ferdinand de Brunswick y Charles de Hesse, pero encuentra oposición por parte de los Iluminati de Baviera (Orden de Weishaupt) y se enfrenta a hostilidades por parte de François de Chefdebien de Saint-Armand, representante de los Philaletos, y de Savalette de Lange. Después de una elaborada discusión, Willermoz y sus aliados vencen y toman el nombre de Caballeros Bienhechores de la Ciudad Santa (C.B.C.S.), adoptado por todos los miembros de la Orden Interna. Se formó un comité bajo la dirección de Willermoz para preparar los rituales de los Altos Grados y de los Grados Secretos de la Profesión. Este trabajo estaba muy avanzado cuando la Revolución Francesa interrumpió la tarea de Willermoz. El Templo Rectificado de los C.B.C.S. y los

Templos de los Élus Cohen, aún activos, tuvieron que ser cerrados. Los Hermanos se dispersaron debido a los sucesos en Francia.

Después de la revolución, en 1806, la Orden de los C.B.C.S. se volvió activa nuevamente en Francia y pronto se asoció administrativamente al Gran Oriente de Francia para poder trabajar en sus Templos, con quien los de la Estricta Observancia tenían relaciones amistosas. Vemos, por entonces, que los Élus Cohen no habían retomado oficialmente sus trabajos. Su último Gran Maestro, Sebastián de Las Casas, había entregado los archivos históricos de la Orden a los Philaletos. En 1806, sin embargo, Bacon de la Chevalerie, Gran Maestro Diputado del Hemisferio Septentrional, fue aceptado en el Gran Colegio de Ritos del Gran Oriente de Francia. Trató de obtener autorización para reorganizar la Orden de los Élus Cohen dentro del Gran Oriente, pero le fue negado.

El Rito de los Caballeros Bienhechores de la Ciudad Santa pasó a Suiza cuando el Directorio de Burgundy transmite su poder al Directorio de Helvetia. Es de esta forma que, a través de la Jurisdicción Suiza, ahora dirigida por el Gran Priorato de Helvetia, los C.B.C.S. fueron reactivados en Francia después de sucesivas Guerras, particularmente la Segunda Guerra Mundial. El 29 de mayo de 1824 Jean-Baptiste Willermoz muere en Lyon.

Louis-Claude de Saint-Martin y los Superiores Incógnitos

Louis-Claude de Saint-Martin nació en Amboise, en la provincia francesa de Turena, el 18 de enero de 1743. Sabemos que fue abogado en Tours y que, cansado de las intrigas triviales de esta vida, entró en el Regimiento de Foix bajo recomendación de Choiseaul, ocupando una plaza de Oficial. Durante este período en el ejército conoció a Grainville, un Élu-Cohen.

Saint-Martin fue iniciado en los Élus Cohen en octubre de 1768. Durante más de 6 años practicó los trabajos de la Orden. Gradualmente se siente incómodo con las operaciones teúrgicas. A finales de 1770, Saint-Martin deja el Ejército y se convierte en el secretario personal de Martínez. En el curso de sus actividades, visita frecuentemente Lyon, que se volvió el centro del Martinismo. Durante estas visitas planifica su primer libro "Des Erreurs et de la Vérité" (De los Errores y de la Verdad), que es publicado en 1775.

Saint-Martin continúa progresando apartado del lado práctico de los trabajos de los Élus Cohen. En 1777 se establece en Versalles. Han transcurrido tres años desde la muerte de Martínez. Saint-Martin intenta atraer a los Élus Cohen a su idea de un misticismo especulativo puro. Fracasa en convertirlos, ellos se mantienen fieles a las Operaciones que Martínez les había enseñado. Saint-Martin se convierte en un agente enteramente interesado en el trabajo de la reforma del Martinismo. Habiendo fracasado en los Templos de los Élus Cohen, lleva adelante su tarea en el Cenáculo Hermético y en el Areópago Esotérico del Templo. Publica algunos trabajos más y asume la tarea de Instructor o Maestro. En Estrasburgo se encuentra con Rodolphe Salzmann, conocido por las traducciones y comentarios a los Trabajos de Jakob Böhme. Saint-Martin sigue con su misión personal, formando seguidores y discípulos, y viajando intensamente. De enero a Julio de 1787 se encuentra en Londres. En septiembre de 1787 lo encontramos en Italia. Establece numerosos contactos en muchos países.

En 1790, Saint-Martin se desliga de sus trabajos anteriores. El 4 de Julio renuncia a la Masonería y pide que su nombre sea retirado de todos los registros masónicos. Esto le fuerza a renunciar también a los Élus Cohen. Saint-Martin participa entonces de un viaje a Rusia. El Príncipe Galitzin, que se convirtió en discípulo del Filósofo Desconocido, da a conocer las enseñanzas místicas de Saint-Martin dentro de las filas de la Orden Rusa de la Estricta Observancia Templaria.

A veces se ha negado que Saint-Martin crease alguna organización. Este argumento se basa en su conocida aversión a las sociedades organizadas según los modelos masónicos y en las ceremonias elaboradas, así como a la falta de evidencias positivas. Con relación a este punto, sin embargo, no se debe olvidar la diferencia esencial entre las sociedades secretas de tipo masónico, que son oficialmente conocidas y registradas, y que pueden ser más exactamente descritas como sociedades discretas, y las sociedades secretas de hecho, cuya existencia es generalmente desconocida.

Vemos que Saint-Martin, después de apartarse de las prácticas de los Élus Cohen y de la Masonería, pasa el resto de su vida divulgando la Doctrina Martinista de una forma modificada, puramente espiritual y especulativa, desprovista de prácticas teúrgicas y mágicas.

Saint-Martin gana numerosos seguidores en muchos países. Esos seguidores, secretamente conocidos como "Superiores Desconocidos", fueron agrupados en una gran organización llamada "Sociedad de los Iniciados" y después conocida como Sociedad de Saint-Martin. De hecho, esta sociedad no fue creada por Saint-Martin, sino simplemente vivificada por él sobre la base de una sociedad secreta más antigua conocida como la Orden de los Filósofos Desconocidos. Deberemos retomar este punto cuando estudiemos el origen del Martinismo.

La Sociedad de los Iniciados de Saint-Martin estaba basada en la Iniciación. Era casi siempre una transmisión personal y particular de carácter íntimo, confiriendo la cualidad de "Superior Desconocido" o S.I.

Sabemos, por registros y signos usados después de sus firmas, que Saint-Martin era un Réau+Croix de los Élus Cohen. Sabemos también, por una carta de Joseph Pont, sucesor de Willermoz, a J.F. Mayer, Senador para Metz, carta ésta fechada en 1829, que Saint-Martin había transmitido el alto grado de Élu-Cohen a su amigo Gilbert. Notamos más adelante que antes de partir para Santo Domingo, Martínez había designado a Bacon de la Chevalerie como su sucesor al mando de los Élus Cohen de Francia y cinco SS.II. para asistirlo: Saint-Martin, Willermoz, de Serre, Duroy d'Hauterive y de Lusignan. Esta información viene del Príncipe Christian de Hesse, Caballero Bienhechor de la Ciudad Santa (C.B.C.S.) y miembro de la Sociedad de Saint-Martin de Estrasburgo. Es obvio que Saint-Martin, por lo dicho, estaba autorizado a transmitir los grados Élus Cohen. No tenemos certeza, sin embargo, de si el Grado "S.I.", transmitido por él en la "Sociedad de los Iniciados", era el grado S.I. que él poseía en los Élus Cohen y que correspondía, probablemente, al grado de "Soberano Juez", un grado administrativo. La iniciación transmitida por Saint-Martin constituía todavía un lazo con los Élus Cohen, debido a su posición en la Orden. Es dudoso, y jamás lo sabremos exactamente, cuánta influencia de los Élus Cohen penetró en el rito de iniciación de Saint-Martin. Parece razonable aceptar el principio de que la "esencia" de la iniciación, que es transmitida en el momento más íntimo de la ceremonia, viene directamente de la Orden de los Filósofos Desconocidos que es conocida por haber existido al menos 75 años antes que la Gran Logia Masónica de Inglaterra.

Louis-Claude de Saint-Martin murió el 13 de octubre de 1803 dejando muchos discípulos en algunos países europeos. Después de su muerte, sus discípulos continuaron la transmisión de la iniciación y la difusión de la doctrina del Filósofo Desconocido. Sus seguidores están particularmente activos en Francia, Alemania, Dinamarca, Rusia y también en España. Desde 1821 hasta 1880 se siguieron realizando iniciaciones de persona a persona.

La Orden Martinista de Papus

Después de la muerte de Saint-Martin en 1803, la iniciación de S.I. continuó siendo transmitida de persona a persona. Durante el siglo XIX las enseñanzas ocultas de Martínez de Pasqually fueron transmitidas a través de los siguientes medios:

- En el seno de los Areópagos Cabalísticos, compuesto cada uno de nueve Élus Cohen, que se negaron a cerrar la Orden y se opusieron a la entrega de archivos históricos a los Philaletos de Savalete de Lange.
- Por algunos masones del Rito Escocés Rectificado, que habían recibido las instrucciones secretas de Willermoz desde los Caballeros Bienhechores de la Ciudad Santa.
- Por los SS.II. de Louis-Claude de Saint-Martin.

En esta categoría de Saint-Martin, según se recoge tradicionalmente en los medios de las Órdenes Martinistas Papusianas, se habla de dos líneas distintas de sucesión: Saint-Martin había iniciado, entre otros, a Abbé de Lanoue y a Chaptal, Conde de Chanteloup. El primero inició a J.A. Hennequin que inició a Henri de la Touche, que inició a A. Desbarolles, Conde de d'Hautercout, que inició a Amélie de Boisse-Montermart. Esta Hermana inició a P. Augustin Chaboseau. En este momento es interesante recordar que el Abbé de la Lanoue había iniciado a André Chénier, el poeta francés que murió en la guillotina durante la Revolución Francesa. Chaptal, Conde de Chanteloup, había iniciado a un Hermano cuya identidad nunca fue descubierta pero que inició a Henry Delaage. Mientras estaba en su lecho de muerte, Henry Delaage inició al Dr. Gerard Encausse, mejor conocido como Papus; esto sucedió en 1882.

En aquella época, el Dr. Encausse, A. Chaboseau y algunos otros jóvenes intelectuales tenían la costumbre de almorzar juntos mientras hablaban de asuntos de su interés. Fue así como, en uno de esos almuerzos, Papus y Chaboseau descubrieron que ambos habían recibido la transmisión S.I. Esta evidencia la tomó Papus como una señal de los Cielos, e inició el trabajo de creación de una organización que incluiría en su obra a todos aquellos que hubiesen recibido este "Legado Misterioso", y que serviría de centro de estudios de la doctrina Martinista y como medio de propaganda del movimiento. En 1884 fue emitida la constitución de esta organización que fue llamada "Ordre Martiniste" (Orden Martinista). En 1890 se decidió someter la Orden a un Supremo Consejo de 12 miembros, con Papus como Presidente y Gran Maestro. Los 12 miembros originales del primer Consejo Supremo fueron: Papus, A. Chaboseau, Stanislas de Guaita, Chamuel, Sédir (Yvon Leloup), Paul Adam, Maurice Barrés, Jules Lejay, Montiére, Charles Barlet, Jacques Burget y Joséphin Péladan. Poco después, dos de esos miembros fundadores renunciaron: Barrés y Péladan, que fueron reemplazados por el Dr. Marc Harven (Lalande) y Víctor-Emile Michelet.

En 1893, a los Martinistas de Lyon le fueron entregados los archivos y registros de Willermoz y de los Templos de Lyon de los Cohen que la viuda de J. Pont, sucesor de Willermoz, había entregado al hermano Cavarnier.

Parece ser que, cuando Papus creó la Orden Martinista, existían, desconocidos por él, representantes directos de los Élus Cohen y de los otros movimientos Martinistas, afiliados en Lyon o fuera de Francia. A este respecto se dieron los nombres de los dos hermanos Bergeron y Breban-Salomón en Lyon, el de Karl Michelet en Dinamarca y también el del Dr. Eduard Blitz en los E.U.A. Este último contactó con Papus y fue nombrado jefe de la Orden Martinista en los E.U.A. El Dr. Blitz, que era miembro de la masonería, trató de darle una apariencia masónica a la Orden Martinista y en este sentido tuvo seguidores en Francia: el Dr. Fugairon y Charles Détre (más conocido como Téder).

El Dr. Blitz, desdichadamente, fue muy lejos en las interferencias con el espíritu de la Orden Martinista y su carta patente le fue retirada. Fue sustituido por la Sra. Margaret B. Peeke que se convirtió en la "Inspectora General" para los Estados Unidos. Esta murió en 1908.

Puede ser interesante anotar otros intereses esotéricos de algunos de los miembros del Consejo Supremo, esto explicaría las varias tendencias que se desarrollaron a medida que el tiempo pasaba. Stanislas de Guaita era Gran Maestro de la Orden Kabalística de la Rosacruz, a la cual pertenecían Papus y otros. Péladan dejaría el Consejo Supremo para crear, posteriormente, la Orden de la Rosacruz del Templo y del Grial.

Algunos de los hermanos eran masones. En este punto vamos a verificar que la principal obediencia masónica de Francia, particularmente el Gran Oriente de Francia, era en aquella época predominantemente materialista y compuesta de librepensadores agnósticos. Al margen de este movimiento masónico existían obediencias menores de carácter más espiritual. Algunos movimientos Martinistas tenían cierta relación con estos grupos masónicos. En particular, como veremos, el Antiguo y Primitivo Rito de la Masonería compuesto de 33 grados, se unió con los Ritos Orientales de Memphis y Mizraïn, compuestos de 90 y 96 grados respectivamente, para formar una organización a la que muchos Martinistas se afiliaron. Además de eso, la Iglesia Gnóstica Universal y otras organizaciones fueron representadas por miembros del Consejo Supremo.

La Orden Martinista tuvo un período de floreciente actividad en Francia y otros países. Papus era un infatigable trabajador e introdujo la Orden hasta en la corte rusa, donde el Martinismo ya era conocido hacía más de un siglo. Incluso se ha dicho que el Zar Nicolás II era Maestro de una Logia mantenida dentro del Palacio Real.

En 1908, Papus y Téder organizaron en París un Congreso de Ritos Masónicos Espiritualistas con la intención de unir la Orden Martinista con los Altos Grados de la Masonería. En 1911, el Consejo Supremo lanzó un decreto reconociendo a la Iglesia Gnóstica Universal como Iglesia oficial del Martinismo. En 1914, Papus y Téder llegaron a un acuerdo con el Dr. Ribeaucort, dignatario del Rito Escocés Rectificado (antiguos Caballeros Bienhechores), para crear el Gran Capítulo Martinista, que estaría compuesto exclusivamente de Masones con Altos Grados y que actuarían como un "puente" entre la Orden Martinista y la Masonería Escocesa. Desgraciadamente, con la Primera Guerra Mundial se interrumpió el proyecto antes de completarse. La muerte de Papus en 1916 y el cambio en la Gran Maestría del Rito Escocés Rectificado pusieron fin a este proyecto.

Ya dijimos que Papus murió en 1916 de tuberculosis contraída ejerciendo como médico en el Ejército Francés. Él fue el punto vital en el avance del Martinismo creando la Orden con este nombre y manteniéndola unida mientras estuvo vivo. A su muerte la Orden Martinista perdió su unidad y se dividió.

A Papus le sucedió Téder, cuyo nombre verdadero era Charles Détre. La Orden adquirió cierta tendencia Masónica. La guerra aún continuaba y la actividad de la Orden disminuyó. Téder era asistido por Víctor Blanchard que actuaba como su Diputado. Téder murió en 1918. A Blanchard le fue ofrecida la Gran Maestría, pero la rechaza a causa de las tendencias masónicas que se habían instalado en los nuevos rituales redactados por Téder. Fue sucedido por Jean (o Johanny) Bricaud. Bricaud decide entonces que la Orden Martinista sólo sobreviviría si se establecía sobre las bases firmes de la Masonería Simbólica. Decreta, por tanto, que la Orden Martinista admitiría sólo a Masones del 3° Grado (Maestro). La Administración Central de la

Orden fue transferida a Lyon donde vivía. Esto explica por qué esta filial de la Orden Martinista fue conocida como "Orden Martinista de Lyon".

Esta "masonización" de la Orden Martinista no agradó a todos los Martinistas y muchos se negaron a reconocer el nuevo régimen que imponía restricciones a cierta clase de miembros, y particularmente a las Hermanas. Por lo tanto, deciden ejercer el derecho a las "Iniciaciones Libres", heredadas del grado de Iniciador Libre, y realizan sus actividades independientemente de la Orden de Bricaud.

Víctor Blanchard ya estaba formando uno de esos núcleos que apoyaban la administración del sistema de Iniciación Libre. Se unió a los "Hermanos Libres" y formó una filial de la Orden Martinista, que se adhería a la Constitución Original de la Orden y desaprobó los requerimientos masónicos de la Orden Martinista de Lyon. El 11 de noviembre de 1920, Víctor Blanchard entrega en la Prefectura de Policía los estatutos de la Orden Original de Papus con el nombre de Orden Martinista & Sinárquica. El 3 de enero de 1921, la Orden Martinista & Sinárquica tiene su primera reunión. Las reuniones se celebraban los 1º y 3º sábados en el Templo Martinista, Avenida de Suffern, París (xv).

Nacía así, oficialmente, la Orden que marcó el retorno a la tradición original bajo la Constitución decretada por el Consejo Supremo en 1890.

La Orden Martinista de Lyon se opuso a esta nueva Orden y lanzó un decreto que decía que ella era la única Orden legítima, pero este documento no fue firmado por Bricaud.

Jean Bricaud murió el 21 de febrero de 1924, dejando su sucesión a Víctor Blanchard que la rechazó. Constant Chevillon fue entonces elegido Gran Maestro y la Orden Martinista de Lyon mantuvo, e incluso reforzó, su estructura masónica. Tenía un círculo externo de difusión en el "Colegio de Ocultismo", en el número 17 de la calle Washington, París. Y, como antecámara para la Orden, las dos Logias de Mêmphis-Mizraïm ("La Jerusalén Egipcia" y "La Nueva Era"), proporcionaban la cualificación masónica requerida para ser miembro martinista. Estos miembros progresaban simultáneamente en las dos organizaciones, teniendo que cualificarse como Maestro Masón en Mênphis-Mizraïm para ser admitidos como Asociados, y teniendo que obtener otros grados del Mênphis-Mizraïm para ser admitidos en los Grados de Iniciado y S.I. Entre 1936 y 1939, la Orden Martinista de Lyon mantuvo su Logia "Papus" abierta en París.

El 9 de agosto de 1934 en Bruselas, Bélgica, se organizaba un Congreso de Órdenes espiritualistas no masónicas en una federación llamada FUDOSI (Federación Universal de Órdenes y Sociedades Iniciáticas), y el hermano Víctor Blanchard, como Soberano Gran Maestro de la Orden Martinista & Sinárquica, es nombrado uno de los tres "Imperatores" de la Federación. Él poseyó este alto cargo en las convenciones internacionales de 1934 y 1936 de esta federación.

Llegamos ahora a un periodo confuso para el Martinismo. No es nuestro propósito hacer juicio alguno de los bien intencionados Hermanos que fueron responsables de una mayor división de la Orden, ni deseamos dar una visión preconcebida del asunto. Sentimos que ha llegado la hora de ser objetivos, sin lo cual ninguna tentativa de reconciliación podría ser posible. Para muchos extraños, las rupturas que ocurrieron en la Orden Martinista parecen desagradables e incomprensibles. Es importante tener un conocimiento objetivo de los hechos, aunque nos guste o no, ellos son parte de la historia del Martinismo y la ignorancia general de estos hechos ha sido utilizada para hacer circular alegaciones absurdas.

Ante todo, se debe entender que el repentino nacimiento de numerosas Órdenes Martinistas no implica, en ningún caso, el establecimiento de nuevas organizaciones iniciadas con miembros inexpertos. La mejor perspectiva es imaginar un gran número de Hermanos y Hermanas, todos regularmente iniciados, formando un tipo de cuerpo flexible llamado Orden Martinista. La Orden no estuvo siempre rigurosamente organizada, y si hubo 160 logias activas registradas en 1916, éstas eran muchas veces cuerpos semi-independientes, y había también muchos Martinistas que no pertenecían a logia alguna. Las divisiones deben ser observadas como: autoridades estableciéndose para defender u organizar un cierto aspecto o tendencia del Martinismo. La mayoría de logias y miembros se sometían a una de esas autoridades y, de hecho, era del conocimiento de los miembros reconocer más de una o adherirse a dos diferentes ramas de la Orden. Había siempre una gran cantidad de intercambios y muestras de obediencia de unos hacia otros. Esas disputas pueden parecer muchas veces muy "no fraternales", pero ¿cuál es la familia en que los hermanos no discuten?

Por esto tenemos hasta ahora dos órdenes, una cuya matriz está en Lyon, dirigida por el hermano Chevillon, y otra cuya matriz está en París, dirigida por el hermano Víctor Blanchard.

No todos los Martinistas que desaprobaron la organización masónica de Chevillon estaban interesados en aceptar la autoridad de Víctor Blanchard. Uno de esos era el hermano Augustin Chaboseau que había estado con Papus desde el principio. En las correspondencias personales, parece que el hermano Chaboseau pensó que, como uno de los fundadores de la Orden, él podría no admitir la autoridad del hermano Blanchard que fue su alumno en la Orden. Con algunos otros hermanos, Augustin Chaboseau fundó una tercera Orden Martinista que fue llamada "Orden Martinista Tradicional", cuyo primer Gran Maestro, el hermano V.E. Michelet, fue después sucedido por A. Chaboseau en persona. Debido al prestigio del nombre de Chaboseau y muchas otras cualidades de ese hermano, esta Orden, bien organizada, se desarrolló muy rápidamente en Francia, mientras que la Orden Martinista & Sinárquica continuaba dominante en otros países, particularmente en Suiza y Bélgica.

Alrededor de 1939, la Orden Martinista Tradicional era, con mucho, la mayor de las Órdenes Martinistas no masónicas. Esto ocurrió debido a algunas tendencias (indeseables) hacia la comercialización de las enseñanzas que se habían implantado en una de las mayores organizaciones (AMORC) afiliadas a la FUDOSI. El hermano Blanchard decide que no puede continuar asociado a esta Federación como uno de sus tres jefes. Renuncia y es sustituido como "Imperator" por el hermano A. Chaboseau.

Llegamos a un punto en la historia del Martinismo donde existen ya tres Órdenes Martinistas. La Orden Martinista de Lyon, cuyos miembros tenían que ser masones, la Orden Martinista & Sinárquica fundada por Víctor Blanchard y la Orden Martinista Tradicional fundada por V.E. Michelet y Augustin Chaboseau. Estas dos últimas, enteramente no masónicas por naturaleza, estaban afiliadas a la federación conocida como FUDOSI. Para no ser infravalorada, la Orden Martinista de Lyon, en cooperación con una Sociedad Rosacruciana de Pensylvania, forma una federación conocida informalmente como "Confederación de los Iniciados". La situación permaneció igual hasta la Segunda Guerra Mundial.

Diremos que en Francia la Orden Martinista Tradicional pronto se volvió numéricamente más importante que la Orden Martinista & Sinárquica. Estaba también mucho más organizada. La Orden Martinista & Sinárquica había reunido muchos antiguos miembros en diferentes países que no aceptaron el sistema masónico de la Orden Martinista de Lyon. Su filiación consistía principalmente de Hermanos y Hermanas que siempre se habían favorecido del Antiguo Sistema de Iniciaciones Libres y estaban desalentados tanto por las tendencias personales como por la institución organizativa. Este sistema no centralizado presentó ciertas desventajas sobre las organizaciones altamente centralizadas, como la Orden Martinista Tradicional, en la cuestión del crecimiento y en la eficiencia de sus operaciones. El sistema no centralizado atraía pocas personas. Sin embargo, una ventaja que los sucesos mostraron fue la mayor flexibilidad y adaptabilidad, no encontrada en la Orden Martinista Tradicional, donde ocurrieron divisiones en el Consejo Supremo con la muerte de A. Chaboseau, como veremos después.

Entretanto, llegó la guerra, y con la invasión de Francia y de Bélgica por los nazis, vino también la persecución a la Orden Martinista. En 1940, en todos los territorios ocupados por los alemanes, los nazis prohibieron el funcionamiento de todas las sociedades secretas. Las Autoridades de los Poderes Masónicos fueron perseguidas, presas y deportadas; todas las sociedades secretas fueron consideradas masónicas por los nazis. Lyon, sin embargo, estaba en la Francia no ocupada, pero el 2 de abril de 1942, el gobierno de Vichy decretó la disolución de todas las sociedades secretas, masónicas o no. Más tarde, los alemanes invadieron el resto de Francia e intensificaron las persecuciones. El 23 de abril de 1944, Constant Chevillon, Gran Maestro de la Orden Martinista de Lyon, fue asesinado por una Milicia Francesa, organización asociada a los nazis franceses.

El fin de la guerra se dio con la derrota de Alemania. Los tiempos de persecución terminaron y las sociedades secretas se reorganizaron. En la Orden Martinista de Lyon, el Hermano Chevillon fue sucedido por Henry Dupont. El Soberano Gran Maestro de la Orden Martinista & Sinárquica, el Hermano Víctor Blanchard, aún estaba vivo y, aunque la Orden no estuviese organizada en sus actividades en Francia, nunca había cesado sus trabajos durante la Guerra, pues funcionaba en la neutral Suiza. La Orden Martinista Tradicional retomó sus actividades, al igual que la FUDOSI. A. Chaboseau autorizó la creación de una filial americana de la Orden Martinista Tradicional que, operando en cooperación con una Organización Rosacruz Californiana (AMORC), tenía jurisdicción en todo Estados Unidos.

En 1946, Augustin Chaboseau murió, dejando como sucesor a su hijo Jean Chaboseau. De acuerdo con la constitución de la Orden, sin embargo, la confirmación tenía que ser dada por el Consejo Supremo. Jean Chaboseau no recibió el soporte requerido y no fue confirmado en la Gran Maestría. La división amenazaba con destruir la Orden y Jean Chaboseau renunció a su propósito presentando su dimisión en 1947, abandonando la Orden después de provocar su disolución de acuerdo a los Estatutos vigentes. Algunos miembros del Consejo Supremo también renunciaron.

Como Augustin Chaboseau había sido también "Imperator" en la FUDOSI, donde representaba al Martinismo, su función se tornó muy pasiva y fue reemplazado interinamente por un Imperator provisional hasta que la situación de la Orden Martinista Tradicional mejorase. Un comité interno, conocido como Consejo de Regencia, fue formado para tratar de mantener la Orden unida mientras se encontraba un nuevo Gran Maestro que pudiese obtener el apoyo necesario. A consecuencia de esto, la mayoría de las sociedades que pertenecían a la FUDOSI se sintieron disconformes con los métodos de propaganda y desvío doctrinario de una de las más importantes sociedades miembro (la AMORC). Se convocó una reunión general y, como la sociedad miembro no tenía intención de cambiar sus prácticas, la FUDOSI se disolvió en 1951. Con la desaparición de la Regencia, la Orden Martinista Tradicional salió de escena, dejando la filial americana que se mantuvo activa adjunta a la organización rosicruciana que prosiguió con su método de propaganda y comercialización de sus enseñanzas por correspondencia. Pronto asumió algunos de estos métodos, como pago de cuotas, envío de enseñanzas por correspondencia y autoiniciaciones en el hogar, quedando esta organización totalmente al margen de los patrones Martinistas reconocidos en todo el mundo. Actualmente la O.M.T. es ignorada por las demás Órdenes Martinistas.

En cuanto a la Orden Martinista & Sinárquica, sobre el 14 de marzo de 1953, Víctor Blanchard, Soberano Gran Maestro Universal de la Orden, murió en París, a la edad de 75 años. Bajo el nombre de *Paul Yesir* había dirigido también durante muchos años la "Iglesia Gnóstica Universal". Fue sucedido por Sâr Alkmaion (Dr. Edward Bertholet) de Suiza. Fue de él de quien Sâr Gulión (Louis Bentin), Gran Maestro de la Gran Logia Británica de la Orden Martinista & Sinárquica, recibió su Carta de Nombramiento como Delegado Soberano General para Gran Bretaña y el Commonwealth.

Sâr Gulión murió el 30 de junio de 2.003, habiendo elegido anteriormente como su sucesor a Sâr Patientius en los años 90, en una reunión realizada en el Colegio de Filósofos Desconocidos de la OM&S. Sâr Patientius también era miembro del Gran Priorato Martinista y ostentaba el más alto grado de la Tradición Élu Cohen, habiendo trabajado junto a Sâr Gulion desde los últimos años de la década de los 70 en mantener la tradición de la OM&S pura. Tras la muerte de Sâr Gulion, sus archivos fueron recogidos de su casa con el permiso de su hijo y quedaron bajo la custodia de Sâr Patientius.

Vamos a sintetizar nuestra revisión de las Órdenes Martinistas:

Orden Martinista (de Papus). Orden original fundada en 1890, reactivada por el hijo de Papus, Philippe Encause, en 1952, regularizada por documentos transmitidos por Dupont el 13 de agosto de 1960.

Orden Martinista de Lyon. Fundada a partir de la primera Orden Martinista, impone restricciones masónicas a su afiliación. El hermano H. Dupont queda como Soberano Gran Maestro y adopta el nombre de Orden Martinista-Martinezista. Cuando el Hermano H. Dupont murió dejó la Gran Maestría al Hermano Philippe Encause.

Orden Martinista & Sinárquica, fundada por Víctor Blanchard para preservar el antiguo sistema y estatuto. Está aún activa en Gran Bretaña, Francia, Canadá, Estados Unidos, Suecia, Brasil y España.

Orden Martinista Tradicional. Tuvo un colapso con la muerte de su Soberano Gran Maestro Augustin Chaboseau, en 1948. Aún funciona, resurgida de la jurisdicción norteamericana, bajo la tutela de la AMORC y alejada de los antiguos principios Martinistas. Actualmente la O.M.T. es ignorada por las demás Órdenes Martinistas.

Orden Martinista Rectificada, fundada por Jules Boucher en 1948 para tratar de unir a los miembros de la disuelta O.M.T.; desapareció con la muerte de su fundador.

Orden Martinista de los Élus Cohen, organización de carácter especial fundada después de la Segunda Guerra Mundial para perpetuar la Tradición de Martínez de Pasqually. Robert Ambelaim (*Aurifer*) transmitió su Gran Maestría a Iván Mosca, quien separó la Orden Martinista de la Orden de los Élus Cohen, poniendo esta última en sueños en el año 1.968 y despertándola de nuevo en 1.995 ya como "Orden de los Caballeros Masones Élus Cohen del Universo". Iván Mosca muere el 25 de noviembre de 2.005. La Orden Martinista (de Papus) quedaría en manos de Phillippe Encause, hijo de Papus, y a la muerte de este ocupa la Gran Maestría Emilio Lorenzo.

Debemos mencionar aquí que las órdenes listadas por el orden (1), (2) y (6) fueron miembros de la organización conocida como Unión de las Órdenes Martinistas durante el inicio de los años 60. Esta unión ya no está activa.

Tenemos que mencionar, también, la fundación en París, en 1946, de la "Sociedad de Amigos de Saint-Martin", que no es una Orden Iniciática sino una Sociedad abierta de carácter literario.

No hay más actividad a nuestro entender. Concluimos así la Historia del antiguo Martinismo francés.

Posibles antecedentes del Martinismo

Las influencias más probables de la doctrina de la reintegración de los seres de Martines de Pasqually pueden haber sido Judaicas, Griegas y fuentes Alejandrinas, además de un fuerte Cristianismo Gnóstico Oculto. Hay numerosos trabajos disponibles sobre gnosticismo que recomendamos revisar a los interesados en el Martinismo para indagar sobre posibles semejanzas con la doctrina de Martínez de Pasqually. Los Cátaros, que sucedieron a los Gnósticos, y fueron cruelmente perseguidos, son también fuente valiosa de investigación.

Es interesante notar que Martínez usaba después de su firma ciertos signos cuyo símbolo semejante al número cuatro era predominante. Es significativo que esos signos o tipos de letra se encuentran también entre los símbolos de la Sociedad "AGLA", que se originó como un tipo de Asociación de Impresores que congregaba filósofos, hermetistas y cabalistas que estaban relacionados con la publicación de trabajos y tratados ocultos. Se afirma que el Rey Francisco I de Francia había pertenecido a esta Sociedad. Los miembros se adhirieron a una interpretación liberal del Cristianismo con una fuerte reminiscencia Cátara, usando como insignia personal la figura básica del 4, complementada por símbolos indicativos de sus intereses y tendencias personales.

Al comienzo del siglo XVI, Henry Cornelius Agrippa fundó una Sociedad Secreta conocida como "Comunidad de los Magos", y crea en Alemania una fraternidad secreta llamada "Los Hermanos de la Rosacruz de Oro".

Por esa misma época, en 1598, Simón Studion organiza en Nuremberg, Alemania, una sociedad conocida como "Milicia Crucífera Evangélica". Alrededor de 1605, esta Milicia adopta como símbolo la rosa y la cruz y más tarde resurgirá como la Fraternidad de la Rosa✠Cruz.

En 1614-1615, la publicación de dos panfletos llamados, en resumen, "Fama Fraternitatis" y "Confesio Fraternitatis Rosae Crucis" (Ratisbonn 1814), revela públicamente la existencia de la sociedad secreta.

En 1616, Michael Maier - Médico personal del Emperador Rudolph II, protector de los hermetistas – viaja a Londres encontrándose con Robert Fludd y formando adeptos ingleses según el modelo de la Rosa✠Cruz. En Francia acontecen las primeras manifestaciones de las actividades de la Rosa✠Cruz en 1623.

Casualmente, debido primeramente a problemas de tiempo, dos tendencias diferentes se manifiestan dentro de las filas de la Rosa✠Cruz y llevan a una división del movimiento. Los miembros atraídos por el misticismo, cábala, teosofía cristiana, gnosis antigua y, más genéricamente, las actividades de la vida interior, se agrupan en "Aureae Crucis" (Hermanos de la Cruz Dorada), y de ellos saldrá el iniciador de Jakob Böheme y sus seguidores. Los miembros atraídos por las pesquisas prácticas e investigaciones de los fenómenos naturales se unirán en torno de la "Rosae Crucis" (Francis Bacon, Thomas Vaughan) y de ellos nació el "Colegio Invisible" (más tarde conocido como Sociedad Real), recibiendo muestras de reconocimiento del Rey Carlos II.

A finales de 1645, Elías Ashmole, Robert Moray, Thomas Warton, George Warton, William Oughtred, Hohn Hewitt, John Pearson, William Relly y otros, formaron una sociedad cuyo objeto es el estudio de la naturaleza, sin embargo, transmitía enseñanzas secretas. De manera que, para mejor esconder su existencia y su función en el plano místico y oculto, deciden integrarse en un medio que los encubriría.

En esta época, todos los ciudadanos londinenses que poseían habilidades solían afiliarse a alguna asociación. Elías Ashmole entra en la Fraternidad de los Masones Constructores que, desde la Edad Media, se mantenían bajo la protección de San Juan. Solicita que la Sociedad de la Rosa✠Cruz sea autorizada a reunirse en la sede de la asociación, Sala de los Masones, Mason's Alley, BasingHall Street, en Londres.

En 1717 la Orden Rosacruz toma parte en la Fraternidad de los Masones. En 1758, son introducidos los grados operativos de la Fraternidad no modificados y un tercer grado llamado Maestro. Su ritual está basado en el rito de la muerte y resurrección de inspiración Rosacruz.

De esta forma puede ser trazado el desarrollo de una tradición secreta y esotérica dentro del movimiento masónico. Martínez de Pasqually, como sabemos, trabajó internamente en este movimiento, y hay dudas de que haya traído consigo a la Orden Masónica una cierta de influencia de la Sociedad Rosacruz de la que fue miembro, siendo muy poco conocida históricamente.

Vemos que Louis-Claude de Saint-Martin heredó de Martínez de Pasqually, en la Orden de los Élus Cohen, los principios derivados de la misteriosa Sociedad Rosacruz que funcionaba dentro de la estructura masónica. Pero Saint-Martin recibe también la influencia de la Orden de los Filósofos Desconocidos.

En la iniciación al 3° grado Martinista se hace una alusión a una Sociedad Secreta y misteriosa que ha existido desde el principio de los tiempos, cambiando su nombre, pero manifestándose en diferentes periodos con nombres diferentes. Esto es presentado en una lectura que los miembros deben aceptar o rechazar según sus conveniencias. No es nuestro propósito extendernos en este punto histórico de los orígenes del Martinismo, pero invita a considerar que el verdadero origen del Martinismo sea el de esta iniciación transmitida bajo la vestimenta Martinista.

La Orden de los Filósofos Desconocidos data de alrededor de 1743. Fue una fraternidad mística de naturaleza secreta compuesta de adeptos de la escuela rosicruciana que era principalmente evangélica y protestante en su presentación. Heinrich Khunrath, Alexander Sethon o el "Cosmopolita", su discípulo Sendivogius (el Alquimista Polaco), y Jakob Böhme, están entre los que la tradición nos muestra como los predecesores de Rudolph Salzmann en la Orden de los Filósofos Desconocidos, cuyos estatutos fueron publicados en 1784 en una reseña de "L'Etoile Flamboyante" (La Estrella Llameante) por el Barón de Tschoudy.

Se dice que la "Orden de los Filósofos Desconocidos" es descendiente de "Les Fréres d'Orient" (Los Hermanos de Oriente), una Orden iniciática creada en 1090 en Constantinopla bajo el patrocinio del Emperador Alexis Comnenus.

Dejamos aquí los antecedentes históricos del Martinismo. Hemos facilitado una visión comprensible y quienes se sientan particularmente atraídos por este lado de nuestra tradición encontrarán más detalles en otras obras publicadas actualmente. Pero recordamos que hay ciertos aspectos del Martinismo que no serán encontrados en estos libros y también aconsejamos que se use un cierto discernimiento sobre estas publicaciones para evitar tendencias personales de algunos autores.

La Herencia Martinista

Según hemos visto, existe una gnosis judeo-cristiana recibida y transmitida por Martines de Pasqually en el seno de su Orden de los Élus Cohen, y que fue desarrollada por sus dos discípulos más próximos, Jean-Baptiste Willermoz que la introdujo en el seno del Régimen Escocés Rectificado, y Louis-Claude de Saint-Martin, verdadero maestro espiritual y teósofo, que firma con el seudónimo de Filósofo Desconocido sus valiosos libros de teosofía. Aunque no está probado que Louis-Claude de Saint-Martin fundara nunca ninguna Orden, Papus (el Dr. Gérard Encausse) lo hizo al comienzo del siglo veinte, atribuyendo la paternidad al Filósofo Desconocido, y todas las Órdenes Martinistas hasta hoy se remontan hasta esta creación de Papus. Digamos que se trata, en todo caso, de una "filiación de deseo".

Robert Amadou (1924 – 2006), en su Prefacio al Tratado de la Reintegración de los seres de Martines Pasqually publicado en Francia (Diffusion Rosicrucienne, 1995), nos recuerda que:

> "...el apelativo "Martinista", primitivamente, antes de que Papus (1865-1916) y Augustin Chaboseau (1868-1946) popularizaran este término por la fundación de una Orden conocida bajo esta misma denominación, entre 1887 y 1891, que le benefició de cierta divulgación, proviene precisamente de los Masones del Régimen Escocés Rectificado establecidos en Rusia, así designados porque eran generalmente, más allá de su calidad de hermanos adheridos a la Reforma de Lyon, adeptos más o menos activos de las prácticas de Martines, pero ante todo admiradores entusiastas del pensamiento de Louis-Claude de Saint-Martin, y algunos incluso, como en el caso de Nicolaï Novikof (1744-1818), discípulos directos e íntimos del Filósofo Desconocido."

Podemos pues afirmar, concordando con la aserción del mismo Robert Amadou publicada en *Documents Martinistes nº 7*, 1980, París, que la herencia Martinista hoy en día se halla presente de forma activa en distintas corrientes, colectiva o individualmente, enraizadas en la doctrina de Martines de Pasqually:

> MARTINISTA es el discípulo de Martines de Pasqually, vinculado a su gnosis y a la teúrgia ceremonial que la aplica.
>
> MARTINISTA es el franc-masón del Rito Escocés Rectificado de la Orden de los Caballeros Masones de la Ciudad Santa, cuyos rituales e instrucciones conservan la misma herencia teosófica para ser vivida en sus Logias, sus Capítulos y sus Colegios y en la vida diaria.
>
> MARTINISTA es el íntimo del Filósofo Desconocido, Louis-Claude de Saint-Martin, que toma conciencia de su condición de bautizado y busca por la meditación, la oración y la práctica de la vía interior, actualizar sus efectos sobre sí mismo y sobre su entorno en el silencio y la humildad, por encima de cualquier dogmatismo, en el ecumenismo más absoluto.

MARTINISTAS, particularmente, son los miembros de una Orden Martinista que se asocian con vistas a favorecer el progreso iniciático los unos con los otros, bajo la influencia de Martines y de Saint-Martin.

Víctor Blanchard, fundador de la Orden Martinista & Sinárquica

Víctor Blanchard (1878-1953) fue, como ya hemos informado, entre las dos Guerras Mundiales, el Soberano Gran Maestro de la Orden

Martinista & Sinárquica bajo el nombre iniciático de *Paul Yesir*. Además, fue un importante empleado de la administración del gobierno francés, promocionándose hasta convertirse en líder del Secretariado General de los Miembros del Parlamento de Francia. Era un estrecho colaborador de Papus, con quien organizó el Congreso Espiritualista de junio de 1908. Tras un corto período de relación con Guénon, disolvió esta alianza tras el caso de la *Orden Renovada del Templo*. También fue discípulo y gran admirador de Saint-Yves d'Alveydre. De acuerdo con Jean Mallinger (Sâr Elgim), *sus conocimientos sobre Magnetismo y literatura sacra del Antiguo Egipto eran extraordinarios*.

Después de la Primera Guerra Mundial, Blanchard no reconoció la Gran Maestría de Jean Bricaud como líder del Martinismo, y con algunos antiguos miembros del primer Supremo Consejo fundó la Orden Martinista & Sinárquica el 11 de noviembre de 1920. Por otro lado, existían diferencias entre las dos Órdenes Martinistas. Bricaud, que tendía a situarse en la tradición de los Élus Cohen de Martínez de

Pasqually y de Willermoz, solamente permitía el acceso a su Orden a hombres que también fuesen Maestros Masones, continuando así las tentativas de Téder para vincular el Martinismo con la Masonería. Blanchard, al mismo tiempo, permaneció como practicante del sincretismo esotérico practicado por Papus, y de modo semejante permitía el acceso de las mujeres y no exigía ninguna graduación masónica. Blanchard se vinculó a Saint-Yves d'Alveydre[40], y añadió al nombre de su Orden el epíteto de *Sinárquica*.

Víctor Blanchard era también Masón del Gran Oriente de Francia – donde fue miembro del Gran Colegio de Ritos, así como un alto Dignatario de otras Órdenes ocultas como: *La Iglesia Gnóstica Universal* de Bricaud (bajo el nombre de Tau Targelius) y la *Orden Kabalística de la Rosa+Cruz*, ambas organizaciones siendo dirigidas por Lucien Mauchel (conocido como Chamuel y fallecido en 1936). Es necesario decir que estas organizaciones eran distintas de la *Iglesia Gnóstica Católica* y de la *Orden de la Rosa+Cruz Kabalística y Gnóstica*, que fueron dirigidas por Bricaud y posteriormente por Chevillon. Blanchard también fue miembro de la Orden del Lirio y del Águila (que en sus grados más elevados confiere la iniciación de la Rosa+Cruz de Oriente), de la cual fue Comendador honorario desde 1918; era Presidente desde 1933 de la Fraternidad de los Polares (al menos del grupo de París); y, finalmente, en la Orden Pitagórica, gracias a los vínculos creados por la F.U.D.O.S.I., logró el cuarto y último grado: *Arconte de las Artes y Ciencias*. Fue uno de los más entusiastas fundadores de la F.U.D.O.S.I., permitiéndole continuar la acción internacional comenzada en junio de 1908 con Papus y confiriéndole una nueva legitimidad ante Chevillon

---

[40] Alejandro Saint-Yves d'Alveydre (París, 26 de marzo de 1842 - Pau 5 de febrero de 1909), esoterista francés y autor de "El Arqueómetro", "La Teogonía de los Patriarcas" y una Colección de textos titulados "Las Misiones" (de los Soberanos, de los Obreros, de los Judíos, la de India, la Francia Verdadera o la Misión de los Franceses, etcétera). En ellas cubre grandes períodos históricos y trata los temas con una profundidad inusitada, revelando un contacto real con fuentes originales de la Tradición Iniciática y su calidad de Maestro. Hay quienes lo consideran miembro egregio de la Agartha Shanga de aquella época. Fue guía de distinguidos discípulos tales como Gerard Encausse Papus, fundador de la Orden Martinista. Y Ch. Gougy el arquitecto realizador de los planos arqueométros de la Sociedad Civil "Los Amigos de Saint-Yves".

que, como sucesor de Bricaud, no reconoció. En 1934, designado como Sâr Yesir, fue propuesto como uno de los tres Imperatores de la F.U.D.O.S.I., con jurisdicción especial sobre el Martinismo y países de Oriente. Finalmente, debido a desavenencias personales con Augustin Chaboseau, Blanchard abandona la F.U.D.O.S.I. en 1939 reincorporándose poco antes de su disolución en 1951.

Blanchard versus Bricaud

Jean Bricaud consagró a Víctor Blanchard como Obispo el 5 de mayo de 1918.

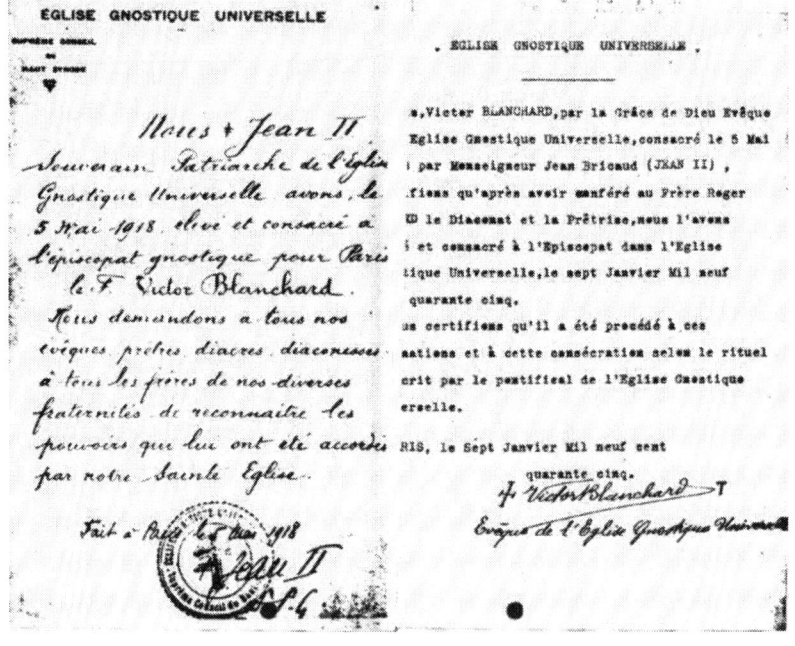

A pesar de esta consagración, la actitud de Blanchard para con Bricaud luego se volvería hostil, a juzgar por las referencias siguientes de Robert Ambelain (*Le Martinisme*, 1946), donde se encuentran también elementos que minan la legitimidad de Bricaud sobre la transmisión de Téder:

"Al respecto de los derechos alegados para la Gran Maestría de la Orden Martinista, hay también diversos testigos que puedo recordar. Uno de los testigos aún vive aquí en Paris (nota del traductor: en 1946). Hermano Nicholas Choumitsky (de quien Ambelain recibió la filiación rusa), venido de una antigua familia rusa de Martinistas... alumno y discípulo de Charles Barlet, me dijo: *Regresé a Francia en 1919. Téder había fallecido. Pregunté a Chacornac quién era por tanto el Gran Maestro de la Orden Martinista, y él contestó: Es Blanchard. Entonces entré en contacto con Blanchard. Una reunión fue organizada entre Bricaud y Blanchard y tuvo lugar en un café. Blanchard compareció con algunos miembros de su Supremo Consejo. Bricaud fue solo, llevando consigo un documento – en un marco con cristal, que reivindicaba que Téder lo había nombrado como su sucesor. Blanchard se puso intensamente irritado, y después del examen del documento, la opinión unánime era la de que no era auténtico. Bricaud dejó la impresión en aquéllos que comparecieron de ser una persona superficial y de falta de profundidad. Yo entonces me dirigí a Charles Barlet y le pregunté quién era el verdadero sucesor de Téder. Sonrió y dijo que el Martinismo era un círculo cuya circunferencia estaba en todas partes y el centro en ningún lugar. Pretendió con esto decir que no había un Gran Maestro. Más tarde, la señora Détré (esposa de Téder), me dijo que su esposo no podría haber designado un sucesor visto que no pensaba en ningún momento que iba a morir. Según ella, Téder murió a consecuencia de un ritual mágico*".

En todo caso, existe un documento que sitúa la sucesión de Bricaud en una posición extraña. Este documento principalmente avisa a los dignatarios de la Orden Martinista de la muerte de Téder. El documento original aún existe en los archivos de la Orden Martinista. Fue firmado por Jean Bricaud 33° 90° 95° - Presidente del Supremo Consejo y Gran Maestro General de la Orden. Fue publicado de esta forma avisando a los dignatarios de la Orden de la muerte de Téder, y Bricaud firma él mismo como Gran Maestro General en su lugar; los dignatarios, por tanto, no fueron consultados. Ninguno de entre ellos había elegido a Bricaud como Gran Maestro. Y ya que Téder no había nombrado a nadie, como se puede ver, el resultado fue un poco imprevisto también... Los Grandes Consejos de Italia, España y Gran Bretaña, cortaron sus relaciones con el Supremo Consejo de Lyon. Un gran número de Martinistas franceses se unió a Blanchard y a su Orden Martinista & Sinárquica, otros permanecieron separados y se juntaron doce años más tarde a la Orden Martinista Tradicional de Augustin Chaboseau.

La Orden Martinista & Sinárquica en España

"Tras varios meses de intercambio epistolar, finalmente concreté un encuentro con Sâr Michael, Gran Maestro de la Gran Logia Nacional de Brasil de la OMS, para el día 29 de septiembre de 2002 en París, Francia. Partí hacia el lugar acordado el día anterior con la intención de formalizar el comienzo de los trabajos de la Orden Martinista & Sinárquica por primera vez en España.

Mi encuentro con Sâr Michael se produjo de forma inesperada y no prevista por mí, pero verdaderamente sorprendente. El día 28 asistía a primera hora de la tarde, en París, a la Reunión anual del Directorio Nacional de las Logias Reunidas & Rectificadas de Francia del Gran Priorato de las Galias (celebración de la festividad de San Miguel Arcángel), en calidad de representante del Priorato de Hispania del Régimen Escocés Rectificado. No tenía el menor indicio de que ese mismo día se iba a consagrar una nueva Logia Rectificada al Oriente de São Paulo (Brasil), cuyo Venerable Maestro era precisamente Sâr Michael. He de reconocer que este primer encuentro fue algo más que gratificante, pues desconocía que Sâr Michael fuese a estar presente en esta Tenida Magna, sorpresa que me causó una profunda emoción.

Siendo así, y asumiendo que la casualidad no existe en el camino iniciático, pudimos emprender al día siguiente los trabajos de recepción en la Cadena Iniciática de la OM&S y a continuación pude recibir, de manos de nuestro Gran Maestro, el Grado de P.I., para poder comenzar a expandir la egrégora Martinista de nuestra Orden en nuestro país. Se nos concedió para este propósito Carta Patente para levantar las columnas de nuestra primera Logia en Madrid, llevando esta por nombre "PHOENIX" y siendo registrada en el Libro de Matrícula del Tribunal Soberano de la Orden con el n° 20.

La Logia Phoenix renovó su Carta Patente directamente con la Gran Logia Británica el día 1 de octubre de 2008, bajo la autoridad de Sâr Patientius (Gran Maestro), siendo registrada en el Libro de Matrícula del Tribunal Soberano de la Orden con el n° 11."

Sâr Amorifer
Oriente de Madrid

FILIACIÓN ESPAÑOLA DE LA OM&S

LOUIS-CLAUDE DE SAINT MARTIN

Iniciado por Baudry de Balzac dentro de la Orden de los Élus Cohen en 1765 (recibe el grado de Réau-Croix en 1772); admitido después, en 1787, dentro de la "Sociedad de los Filósofos Incógnitos" con la misión de perpetuar la Iniciación Tradicional de los Superiores Incógnitos tal como fue establecida en Francia en su constitución de 1646.

ABAD DE LA NOUE	CHAPTAL
ANTOINE HENNEQUIN	BARNOIS (?)
ADOLPHE DESBAROLLES	HENRI DELAAGE
H. DE LA TOUCHE (Paul-Hyacinthe de Nouël de la Touche)	
AMELI DE MONTEMART DE BOISE (Nuera del Hermano de H. De la Touche)	
AGUSTIN CHABOSEAU ⟷ (Nieto del Hermano mayor de H. de la Touche) Iniciado en 1886	GERARD ENCAUSE (PAPUS) Iniciado en 1882

SUPREMO CONSEJO DE LA ORDEN MARTINISTA
(1891)

GERARD ENCAUSE (PAPUS), AGUSTIN CHABOSEAU, ESTANISLAS DE GUAITA, LUCIEN CHAMUEL, PAUL SÉDIR (IVON LELOUP), PAUL ADAM, MARC HAVEN (EMMANUEL LALANDE), JULIEN LEJAY, GEORGES MONTIÉRE, CHARLES BARLET, JACQUES BURGET y VICTOR-ÉMILE MICHELET.

GERARD ENCAUSE (PAPUS)
CHARLES DÉTRÈ (TEDER)
GEORGES BOGÉ DE LAGRÉZE (MIKAEL)
AUGUSTE REICHEL (AMENTIS)
V. CHURCHIL (VERNITA)
LOUIS BENTIN (GULION) (Gran Maestro de la G.L. Británica de la OM&S)
MICHAEL (Gran Maestro de la G.L. Nacional de Brasil de la OM&S)
AMORIFER (España, instalado como P.I. el 29-09-2002 en París)

LOS MARTINISTAS DE LA F.U.D.O.S.I.

por Serge Caillet[41]

La Orden Martinista fue fundada por Papus (Dr. Gérard Encausse) de 1887 a 1891, como una escuela de ocultismo y aún más como una orden de caballería cristiana, bajo el patronazgo póstumo de Louis-Claude de Saint-Martin, dicho el Filósofo Desconocido, no habiendo cuando fue fundada ninguna otra sociedad similar ni comunicada ninguna filiación ritual. Desde Papus, no obstante, una filiación ritual se transmitió en el seno de la Orden Martinista y de las Órdenes Martinistas descendientes de la primera, y al margen de toda asociación, de iniciador a iniciado.

Cuando Papus murió el 25 de octubre de 1916 en plena gran guerra, el Supremo Consejo designa a Téder (Charles Détré) como Gran Maestro de la Orden, de la que había sido hasta ese momento Gran Maestro Adjunto. Téder, obnubilado por los ritos masónicos,

---

[41] Artículo publicado en la Revista L'Esprit des Choses, n° 1, pp. 49-57. Edición del C.I.R.E.M. (Centre International de Recherches et d'Etudes Martinistes), 1992, Guerigny, Francia. Hemos añadido al final del artículo copia de algunos documentos citados de la publicación analizada *Martinist Documents*, AMORC, 1977.

perseguía la masonización de la Orden Martinista que Papus había empezado bajo su influencia años atrás. Pero tras haber sido hospitalizado en Clermont-Ferrand para curar una flebitis, murió el 25 de septiembre de 1918, dejando en París un sustituto en la persona de Víctor Blanchard, y un adjunto en Lyon que era Jean Bricaud.

Si creemos a Jean Bricaud, Téder le habría designado verbalmente en sus últimos momentos para sucederle a la cabeza de la Orden, lo que permanece perfectamente verosímil. Pero Víctor Blanchard no lo entendió así, ya que aspiraba igualmente a la sucesión de Téder en virtud de una carta cuya historia no está clara, y continúa ocupándose especialmente en París de un grupo martinista opuesto a toda lealtad a Bricaud.

Después, a fin de distinguir la rama lyonesa, Víctor Blanchard oficializa en 1920 la fundación de su propia rama bajo el nombre de Orden Martinista & Sinárquica, este último calificativo en referencia a la obra del marqués Saint-Yves d'Alveydre, maestro intelectual de Papus.

Por su parte, a la cabeza de su Supremo Consejo que fija su sede en Lyon, Bricaud emprende la rectificación de la Orden Martinista. En realidad, sus rectificaciones masonizaban aún más la Orden introduciendo en ella nuevos grados neo-Cohen, siguiendo perfectamente en la línea de las reformas iniciadas por Téder, e incluso por el mismo Papus al final de su vida. La Orden Martinista se convertía así en un régimen masónico o paramasónico, preocupado en restablecer lazos con la tradición de la Orden de los Caballeros Masones Élus Cohen de Martines de Pasqually y la Orden de los Caballeros Bienhechores de la Ciudad Santa de Jean-Baptiste Willermoz, pero traicionando el enfoque originario y original de Papus y además también el de Saint-Martin. El 15 de enero de 1931, un decreto del Supremo Consejo Lyones abrogaba así la constitución y los reglamentos generales de 1913 promulgando los nuevos, oficializando de este modo muchas reformas emprendidas hacía una docena de años.

Antiguos compañeros de Papus, que rechazaban la rectificación de Bricaud sin unirse por otro lado a la rama de Blanchard, fundaron entonces la Orden Martinista Tradicional, cuyo Supremo Consejo propone inmediatamente a Augustin Chaboseau como Gran Maestro. Pero este se inhibirá en favor de Víctor-Emile Michelet, más antiguo que él, siendo este elegido como primer Gran Maestro de la Orden en 1931.

Desde 1934, Víctor Blanchard había restablecido relaciones con ciertos Martinistas belgas del entorno de Armand Rombauts, antiguo delegado de Papus desde un primer momento unido a Bricaud. En mayo, el boletín del Rito Menfis-Mizraim en Bélgica, *Adonhiram*, anunciaba: "Un nuevo triángulo martinista será instalado al Oriente de Bruselas el viernes 11 de mayo próximo a las 20:30 h. bajo el título distintivo de 'Uriel'"[42].

En el primer Convento de la Federación Universal de Órdenes y Sociedades Iniciáticas (FUDOSI), que en agosto de 1934 reúne en Bruselas a los delegados de una quincena de sociedades, Víctor Blanchard y Lydie Martin representan al Martinismo[43]. Un Convento mundial de la Orden Martinista & Sinárquica fue celebrado en Bruselas del 9 al 16 de agosto de 1934, en el marco de la Federación en la que Blanchard era además uno de los tres Imperatores cofundadores. El siguiente número de *Adonhiram* pudo así anunciar a sus lectores:

> "Después de haber tenido varias tenidas iniciáticas, el Convento ha reorganizado la Orden en el mundo entero, constituyendo su Supremo Consejo Internacional y elegido al muy Ilustre Hermano Víctor Blanchard, doctor en hermetismo y en Kábala, S.I. IVº, Soberano Gran Maestro Internacional de la Orden. Los Inspectores Generales de la Orden para el extranjero han sido instalados"[44].

En este Convento sólo había sido admitida la Orden Martinista & Sinárquica mientras que Bricaud, que acababa de pasar al oriente eterno unos meses antes, y Constant Chevillon, su sucesor,

---

[42] *Adonhiram*, órgano oficial de la Orden masónica oriental del Rito antiguo y primitivo de Menfis-Mizraim, mayo de 1934.

[43] Cf. Serge Caillet, *Sâr Hiéronymus et la FUDOSI*, París, Cariscript, 1986.

[44] *Adonhiram ...*, agosto-septiembre de 1934.

habían sido duramente criticados (debido en gran parte a razones relacionadas con la escisión de la francmasonería de Menfis-Mizraim, no con el martinismo[45]), que la Orden Martinista Tradicional había sido dejada en la sombra y que ninguno de sus dirigentes había sido invitado al Convento.

Aun así, algunos han pretendido que, en agosto de 1934, en Bruselas, Spencer Lewis había recibido de Augustin Chaboseau, Gran Maestro de la Orden Martinista Tradicional, el cargo de Legado Soberano de esta Orden para los Estados Unidos de América[46]. Ahora bien, tratándose de Lewis y de sus fundaciones, los hechos más simples han sido frecuentemente muy confusos, incluso por el mismo interesado, y a veces son tan graves las consecuencias que no pueden ser tratados a la ligera. ¿Qué es de este mandato? En efecto, el Convento nombra dos Inspectores Generales de la Orden para el extranjero, pero eran dos Inspectores de la Orden Martinista & Sinárquica, por aquel entonces única reconocida por la FUDOSI. ¿Se puede imaginar a Spencer Lewis, Imperator de la FUDOSI, recién iniciado en la Orden Martinista & Sinárquica, hacerse comisionar por la Orden Martinista Tradicional, ajena a la Federación? Ningún documento lo puede confirmar, y la inverosimilitud de los hechos alegados es total. En todo caso, es pura invención.

Solo la Orden Martinista & Sinárquica, reconocida por la FUDOSI en su fundación, habría podido desde 1934 comisionar a Lewis que

---

[45] Cf. Serge Caillet, *La franc-maçonerie égyptienne de Memphis-Misraïm*, París, Cariscript, 1988.

[46] *Martinist documents*. Traditional Martinist Order, San José, Supreme Grand Lodge of AMORC, 1977, p. 25. [El texto pone exactamente: "En agosto de 1934, en Bruselas, Bélgica, Chaboseau, entonces Gran Maestro, con la aprobación del Consejo Supremo, confirió sobre el Dr. H. Spencer Lewis, en aquel entonces Imperator de la Orden Rosacruz AMORC de Norte y Sudamérica, el título de Legado Soberano de la Orden Martinista para los Estados Unidos de América. El título de Legado Soberano, con las cartas que lo acompañaban, le otorgaban el poder exclusivo para restablecer la inactiva Orden Martinista Tradicional en los Estados Unidos, bajo la jurisdicción del Supremo Consejo en París" - Como evidenciará Caillet a continuación, y así lo prueba los documentos mostrados en esta misma publicación de la AMORC, Spencer Lewis no recibió nunca ninguna iniciación ni ningún nombramiento de la Orden Martinista Tradicional, sino de la Orden Martinista & Sinárquica. N. del T.].

acababa de recibir el grado de Superior Desconocido Iniciador. No obstante, no parece que el americano se haya beneficiado en esta época de tal delegación.

En cuanto a la situación del martinismo en Bélgica, tenemos aquí, unos cinco meses después del Convento, una carta de enero de 1935 de Jean Mallinger, tomada con la debida precaución:

> "Os pido prevenir afectuosamente de mi parte a nuestro querido hermano y maestro Sâr Yésir de que nuestra Orden Martinista no puede actualmente desarrollarse en nuestro país, aunque numerosas buenas voluntades sean puestas a su disposición, pues el gran representante actual, el hermano Phanariel [Rombauts] se opone a toda propaganda, toda constitución de logia martinista y toda forma de trabajo. Él espera los antiguos estatutos y rituales y se ha excusado en algunas ocasiones, para no confundirse con las revueltas, con asuntos del mundo profano. ¿Qué hacer ante esta evidente mala voluntad? He pedido en Suiza los rituales completos a nuestro bueno y abnegado Sâr Amertis [August Reichel] que se ha encargado de hacerme copias. En tanto que Iniciador Libre, puedo iniciar y continúo dando la luz de la Orden a los hermanos interesados, pero quisiera obtener de nuestro querido hermano Sâr Yésir los poderes escritos para constituir logias y grupos Martinistas en nuestro país, pues si dejamos desanimarse a las buenas voluntades o si esperamos a que el hermano Rombauts haga alguna cosa, será la muerte de la Orden en nuestro país, y esto no podemos permitirlo"[47].

Mallinger reclama poderes, y no tardaría en obtenerlos. Pero leamos de él otra carta confidencial, de fecha 12 de julio de 1935, a Lydie Martin:

> "Muy querida hermana y gran amiga:
> Mil gracias por vuestra buena plancha que acabo de recibir. He recibido por correo una carta "estrictamente confidencial" del hermano Lagrèze donde me hace comprender que pretende retomar su libertad y regentar la Orden Martinista según las tradiciones antiguas y primitivas si el hermano Yésir no admite en su integridad las decisiones del Convento de 1933. Se refiere a Probst y Rombauts y dudo de que a este respecto haya sondeado los corazones y escrutado las

---

[47] Fondos *Lelarge*.

intenciones. Es mi deber de amigo fiel y unido y de hermano afectísimo preveniros de esta grave amenaza que tendría como consecuencia romper de nuevo la unidad de la Orden y hacer en Francia… una tercera sección martinista además de la nuestra y de la de Chevillon. Es aquí pues a donde tendían todas estas circulares anteriores.

Tendré por mi parte, antes del 10 de agosto, fecha límite que da para tomar una decisión, que actuar con fuerza y voluntad, con firmeza y diplomacia; sus quejas son las siguientes:

No se trabaja el martinismo en París.

Bastará al querido hermano Blanchard iniciar en la Orden a los mejores de sus amigos Polares y automáticamente habrá un Consejo en París y esa crítica caerá por sí misma.

El reglamento depositado en la Prefectura de Policía complica los antiguos Estatutos de la Orden y a ello se unen una Academia y una Orden R+C. Él quiere retomar el antiguo reglamento (que yo no conozco pero que tanto Rombauts como Lagrèze poseen).

Quiere evitar toda confusión de la Orden con fraternidades similares.

De acuerdo, esta confusión ha tenido lugar en Suiza y no en Francia. He enviado personalmente al hermano Reichel un requerimiento enérgico ya que tantas confusiones son susceptibles de levantar sospechas hacia nosotros por parte de los martinistas independientes. Por su parte el hermano Hiéronymus le ha aconsejado suprimir la palabra AMORC de los documentos con firma suiza, pero, desgraciadamente, creo que nuestro querido hermano Reichel ha ido muy lejos en este sentido como para retroceder ahora.

Creo hacer lo correcto advirtiéndoos de lo que parece prepararse en Francia.

Estoy convencido de que si nuestro querido hermano Yésir, a pesar de todas sus labores profanas, llega a crear lo antes posible un colegio martinista en la aglomeración parisina y si entregara inmediatamente a todos los miembros del Supremo Consejo un documento resumiendo las tradiciones y los principios de la Orden, impediría a Lagrèze poder tener la ocasión de sustituirle"[48].

En septiembre de 1935, Lagrèze parece haber olvidado sus diferencias con Blanchard, y Mallinger puede dar a su amigo Léon Lelarge las "últimas noticias" como sigue:

---

[48] Ídem.

"Blanchard, Martin y Lagrèze vendrán a Bruselas el 10-12 de octubre a instalar a Uriel.

Los rituales de la Orden [Martinista] -ardientemente crísticos- han encantado a nuestro maestro [es decir, Sâr Hiéronymus] que ahora profesa a esta Orden un gran afecto por resonancia espiritual"[49].

El segundo Convento de la Federación, celebrado en Bruselas en 1936, mantiene las posiciones de 1934, y continúa rechazando admitir a la Orden Martinista Tradicional y las tentativas de aproximación con Chevillon, en las cuales estaba comprometido August Reichel, que, fulminantemente, fue irradiado de la Federación.

Con ocasión de su estancia en Bruselas, la Sra. Lewis, K. Brower y Ralph Lewis, delegados de la AMORC en el Convento, fueron iniciados en la Orden Martinista[50]. Algunos días después, el 10 de septiembre de 1936, en París esta vez, Ralph Lewis recibe de manos de Víctor Blanchard el cuarto grado de la Orden[51].

La víspera del tercer Convento de la FUDOSI, un decreto de 9 de julio de 1937, firmado por Víctor Blanchard, Sâr Nitram (Lydie Martin) y Sâr Elgim (Jean Mallinger), tiene por efecto nombrar a Spencer Lewis "Legado Soberano, Maestro Regional Supremo para los Estados Unidos de América, con vistas a representar allí al Soberano Gran Maestro y al Supremo Consejo Universal de la Orden Martinista & Sinárquica" - lo que parece confirmar sobradamente que no había recibido ninguna delegación de esta antes. Este decreto tenía además por objetivo "crear un Gran Inspector martinista y sinárquico para los Estados Unidos de América, y establecer en los Estados Unidos de América un templo regional supremo, un consejo regional supremo y un gran templo regional de la Orden Martinista & Sinárquica"[52]. Este decreto fue enviado a Spencer Lewis con fecha 30 de junio de

---

[49] Ídem.

[50] Según el propio testimonio de Ralph Lewis, *El ayer tiene mucho que decir*, Villeneuve-saint-Georges, Ediciones rosicrucianas, 1979, pp. 21-24.

[51] Facsímil del diploma, *Martinist Documents*, op. cit., p. 5. [Ver imagen 1].

[52] Ídem, p. 12-13. [Ver imágenes 2 y 3].

1937, y recibido sin duda pocos días antes de la apertura del tercer Convento de la FUDOSI, que se celebró los días 28 y 29 de agosto de 1937, en París. Ausente del Convento, Lewis se hizo representar por Jeanne Guesdon.

La muerte de Spencer Lewis, el 2 de agosto de 1939, ocurrió algunas semanas antes de la apertura del cuarto Convento de la FUDOSI, que se reunió del 4 al 7 de septiembre siguiente en Bruselas. Ralph M. Lewis, hijo de Spencer, representaba a la AMORC donde había sido nombrado Imperator. La sucesión de Spencer Lewis como Imperator de la FUDOSI le correspondía casi por derecho, y obtiene la plaza vacante de su padre.

En cambio, Víctor Blanchard fue reemplazado en la misma función por Augustin Chaboseau, que había sucedido a Víctor-Emile Michelet, pasado al oriente eterno el 12 de junio de 1938. Mientras que la Orden Martinistas & Sinárquica de Blanchard era luego irradiada de la Federación, la Orden Martinista Tradicional entraba en ella, y Augustin Chaboseau ocupaba la plaza de Imperator que quedó vacante, muy a pesar suyo, Víctor Blanchard. Este último además había sido abandonado por dos de sus adjuntos, Georges Lagrèze que, como se ha visto, ya lo pensaba desde hacía tiempo, y Jeanne Guesdon. Pero, al quedar en la FUDOSI, pasarán de la Orden Martinista & Sinárquica a la Orden Martinista Tradicional, donde obtienen respectivamente el cargo de Gran Inspector y de Gran Canciller. Desde ese momento, la Orden Martinista Tradicional se implanta en Bélgica.

La representación de la Orden Martinista & Sinárquica en los Estados Unidos fue nula por la muerte de Spencer Lewis; Ralph Lewis presentó su solicitud a la Orden Martinista Tradicional tras su regreso a Europa.

El 30 de octubre de 1939, Georges Lagrèze dirige a algunos hermanos de la FUDOSI la carta inédita que sigue:

> "Estoy en posesión de una petición del maestro Ralph M. Lewis, Imperator de la AMORC, donde propone:
> La regularización de la iniciación martinista de los hermanos Witcomb, K. Brower, y las hermanas Witcomb, G. Lewis y M. Lewis.

Para este primer punto, la iniciación de los hermanos y hermanas designados, habiéndome sido confirmada en Bruselas o por cartas de hermanas o hermanos conocidos, he decidido expedir un certificado de 3º grado, firmado por un iniciador regular [Mikael] para servirles de título a todos los fines útiles.

En cuanto al diploma de iniciador del hermano R.M. Lewis, lo hago establecer y someter a la firma del Gran Maestro.

Obtener nuevos poderes al efecto de establecer una delegación general y un Gran Consejo Martinista de los Estados Unidos de América. Es a este objeto que solicito vuestras luces. ¿Sois de la opinión de que se le confiera al hermano R. M. Lewis el honor y la carta para dirigir bajo el control del Supremo Consejo Universal los talleres Martinistas de Estados Unidos?

Nuestro hermano Lewis es uno de los Imperators de la FUDOSI, entiendo, y los compromisos precisos han sido tomados en Bruselas, en nombre de los hermanos americanos, por su delegado.

Es de vuestra opinión, mis hermanos, que depende en parte la conclusión del informe que debo someter a nuestro muy ilustre hermano Chaboseau.

Queda bien entendido que los hermanos del Comité director de los Estados Unidos deberán comprometerse a:

1. Reconocer la autoridad del Supremo Consejo Universal del martinismo tradicional, del que los hermanos A. Chaboseau y G. Lagrèze son los representantes en la FUDOSI.

2. Observar los Estatutos, Reglamentos y tradiciones de la Orden y respetar las prerrogativas de los Iniciadores.

3. Observar la gratuidad de la comunicación de la iniciación a los miembros libres; las hermanas y hermanos agrupados en talleres regulares participan de los gastos según sus recursos personales.

Queda bien entendido que los talleres Martinistas recibirán el ritual del Supremo Consejo Internacional.

Antes de tomar cualquier decisión, he consultado a nuestros hermanos y hermanas delegados de Bruselas.

Os ruego responder lo antes posible, prometiéndoles mi fraternal dedicación.

Mikael"[53]

La Orden Martinista & Sinárquica no era ya reconocida por la FUDOSI, y los americanos, iniciados en esta Orden en 1934, 1936 o 1937, solicitan en primer lugar su "regularización". Por esto Lagrèze

---

[53] Fondo *Lelarge*.

les envía los certificados de 3° grado, preparados por él, utilizando diplomas vírgenes de la época de Papus-Téder, con encabezados de la Orden Martinista a secas (como por otro lado tenía derecho en tanto que Iniciador Libre) a nombre del hermano y de la hermana Whitcomb, de K. Brower, Gladys Lewis, Martha Lewis y un certificado de Iniciador a Ralph Lewis, todos fechados el 1 de septiembre de 1939[54]. Pero, contrariamente a lo que dejan creer estos certificados, sus titulares no han sido iniciados en la Orden Martinista Tradicional por Lagrèze, en París, el 1 de septiembre de 1939, sino más bien en la Orden Martinista & Sinárquica, durante los precedentes Conventos de la FUDOSI. Y es porque sabía perfectamente que esas iniciaciones eran algo más válidas que Lagrèze se permite la fantasía de enviar falsos diplomas. No es menos cierto que la filiación ritual de Ralph Lewis no pasaba por Lagrèze, sino por Víctor Blanchard, que le confirió el grado de S.I. IV° el 10 de septiembre de 1936, en París. Y sin lugar a dudas la filiación martinista de los otros rosicrucianos americanos de la FUDOSI pasaba igualmente, si no por el mismo Blanchard, al menos por otros Iniciadores de la Orden Martinista & Sinárquica en la que todos recibieron diferentes grados entre 1934 y 1937.

Con la opinión favorable de los Sâres de la FUDOSI, en octubre de 1939, Ralph Lewis obtiene de Augustin Chaboseau la carta de "Soberano Delegado General de la Orden Martinista Tradicional para California y los Estados Unidos de América del Norte", a fin de constituir un Gran Consejo Regional de la Orden. Una carta firmada por Augustin Chaboseau, Gran Maestro, Georges Lagrèze, Inspector Principal, Gran Canciller, y Jean Chaboseau, Gran Secretario, la acredita[55]. Un decreto de 16 de octubre de 1939 lo confirma, en donde la firma de Jeanne Guesdon sustituye a la de Jean Chaboseau, movilizado[56] [por la guerra].

---

[54] Tres de estos diplomas, los de Ralph Lewis, Gladys Lewis y Martha Lewis, han sido reproducidos en los *Martinist Documents*, op. cit., pp. 6-9. [A modo de ejemplo reproducimos el de Ralph Lewis: ver imagen 4].

[55] Ídem, p. 15.

[56] Ídem, p. 16.

Estos poderes, que consisten en una simple delegación, nada más, fueron extendidos a Canadá y a América del Sur por Lagrèze en agosto de 1945[57].

En Bruselas, el 21 de julio de 1946, durante el primer Convento de después de la guerra de la FUDOSI, la Orden Martinista & Sinárquica retoma su plaza en la Federación, donde entra también una Sociedad de Estudios Martinistas que venía junto con la Unión Sinárquica de Polonia del Dr. Tarlo-Mazinski, admitida en 1937. En cuanto a la Orden Martinista Tradicional, la muerte de Augustin Chaboseau el 2 de enero de 1946, y la de Georges Lagrèze el 27 de abril de 1946, la había privado de sus dos principales jefes. Su Gran Secretario, Jean Chaboseau, hijo de Augustin, había sucedido a este como Gran Maestro, pero no parece haber sido invitado a Bruselas, donde la Orden Martinista Tradicional fue representada por Jeanne Guesdon.

Según el acta del Convento, "los delegados de las diversas Órdenes Martinistas" designaron entonces un Consejo de Regencia, a la espera de la elección de un "Gran Maestro del Martinismo". Este Consejo Internacional de tres miembros estaba presidido por el americano Sâr Leukos (¿?), asistido por Sâr Puritia (Jeanne Guesdon) como Secretaria, y Sâr Renatus (¿?) como Tesorero[58]. Pero, a pesar de lo que se pueda creer en un primer momento, este Consejo de Regencia no era de la Orden Martinista Tradicional, sino del Martinismo Universal del que tanto la Orden Martinista Tradicional como la Orden Martinista & Sinárquica formaban parte integrante. El proyecto, donde estas dos Órdenes se encontraban implicadas casi a pesar de ellas, y con toda seguridad sin el acuerdo de sus Grandes Maestros respectivos ausentes de dicho Convento, parece haber fallado.

En septiembre de 1947, Jean Chaboseau pronuncia la disolución del Supremo Consejo de la Orden Martinista Tradicional[59], y presenta

---

[57] Ídem, p. 19.

[58] *The FUDOSI, an international journal of the ancient and honorable esoteric orders*, n° 1, noviembre de 1946.

[59] Pronunciamiento publicado en el Boletín Informativo n° 7 del GEIMME, Junio de 2006, al final del artículo "Breve historia del Martinismo Moderno". (N. del T.).

su dimisión como Gran Maestro. La rama americana, que desde 1946 se había distanciado de la Orden Martinista Tradicional propiamente dicha asociada al Consejo de Regencia de la FUDOSI, no toma en cuenta esta decisión, y rápidamente proclama a Ralph Lewis como "Soberano Gran Maestro", es decir, Gran Maestro Mundial de la Orden Martinista Tradicional.

Por lo tanto, la Orden Martinista Tradicional americana no puede reivindicar legítimamente la sucesión magistral de la Orden Martinista Tradicional existente en 1947. Y el Consejo de Regencia del Martinismo Universal de la FUDOSI, del que nada prueba por otro lado que la Orden Martinista Tradicional pueda reivindicar, no tenía poder para substituir a la dirección de ninguna Orden Martinista cualquiera que esta sea. Por lo demás, hay que recordar que la filiación ritual de Ralph Lewis, la única que puede reivindicar la Orden Martinista Tradicional americana hoy implantada en numerosos países, no pasa por la Orden Martinista Tradicional propiamente dicha, sino por la Orden Martinista & Sinárquica de Blanchard.

La delegación americana de la Orden Martinista Tradicional dejó de existir con la puesta en sueños de esta Orden en 1947, y es una nueva Orden Martinista la que nace en Estados Unidos bajo esta misma denominación, dirigida por Ralph Lewis desde ese momento hasta su muerte en 1989. La filiación ritual de esta Orden, según se ha visto, no pasa por la Orden Martinista Tradicional. ¿Pasa por la Orden Martinista & Sinárquica? Sí, como la de Ralph Lewis mismo, pero muchas reservas deben tenerse en cuenta en cuanto a la transmisión de esta filiación en el seno de su Orden. Por último, la Orden Martinista Tradicional había sido organizada por antiguos compañeros de Papus, a fin de mantener la Orden Martinista en el espíritu con que había sido fundada, de lo que la Orden Martinista Tradicional americana parece actualmente muy alejada para poder reivindicar esta herencia espiritual.

Emblema de la F.U.D.O.S.I.

IMÁGENES ANEXAS

Imagen 1

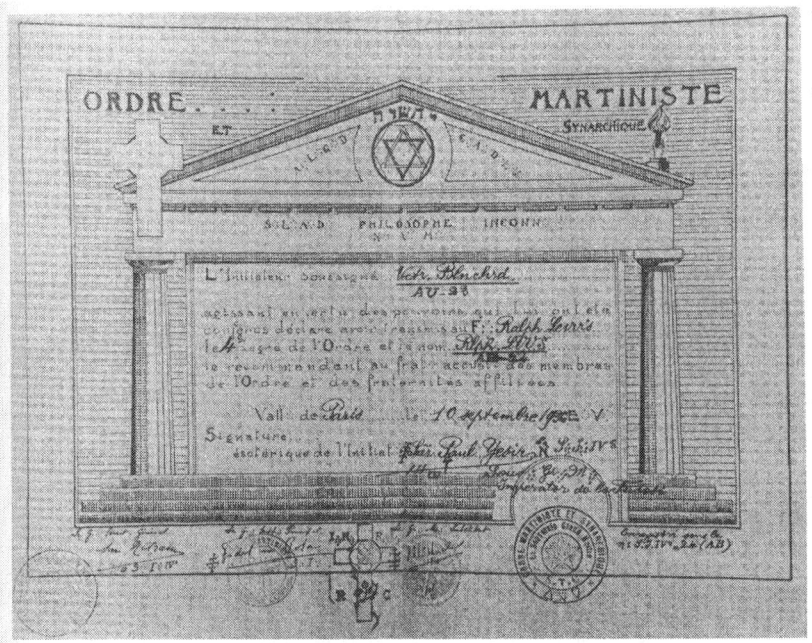

Certificate of Initiation of Brother Ralph M. Lewis into a Martinist Degree in Paris on September 10, 1936, signed and sealed by officers of the Traditional Martinist Order of Europe.

Certificat d'Initiation de Frère Ralph M. Lewis à un degré Martiniste, revêtu du cachet et de la signature des officiers de l'Ordre Martiniste Traditionnel d'Europe. Cette initiation fut conférée le 10 Septembre 1936 à Paris.

Certificado de Iniciación del Hermano Ralph M. Lewis dentro de un Grado Martinista, en París, el 10 de septiembre de 1936, firmado y sellado por oficiales de la Tradicional Orden Martinista de Europa.

Llama la atención y sorprende ver cómo ante el mismo Certificado de Iniciación de la Orden Martinista & Sinárquica firmado por su Gran Maestro Víctor Blanchard (Sâr Paul Yésir), el texto inferior no duda en publicarlo como "firmado y sellado por oficiales de la Orden Martinista Tradicional de Europa".

Imagen 2

ORDRE MARTINISTE & SYNARCHIQUE

DIRECTOIRE SUPRÊME

S·L·A·du·Phil·Inc·N·V·M·

Le SOUVERAIN
GRAND-MAITRE

PARIS, le *30 juillet 1937*.

Au D.ᵉ H. Spencer Lewis,
à San José (Californie).

Mon Très Cher Ami,

Pour donner aux Chartes qui vous ont été remises, à Paris, la faculté d'exercer, aux États-Unis d'Amérique, les pouvoirs qu'elles vous confèrent, je vous adresse ci-joint le décret, entièrement écrit de ma main, en français.

Ce décret confirme vos pouvoirs.

Il est revêtu de ma signature de Souverain Grand Maître de l'Ordre Martiniste et Synarchique ainsi que de mes cachets.

Je joins à ces pièces leur traduction, également munie des cachets de l'Ordre et de ma signature.

Textes français et anglais sont, de plus, revêtus: 1° du cachet et de la signature du Souverain Secrétaire Général, Grand Chancelier de l'Ordre Martiniste et Synarchique; 2° de la signature du Souverain Gardien de la Constitution Martiniste et Synarchique.

Veuillez agréer, mon Très Cher Ami, l'expression de mes sentiments les meilleurs et tout fraternellement dévoués.

Victor Blanchard

Souverain Grand-Maître
et
Président du Suprême Conseil Universel
de l'Ordre Martiniste et Synarchique.
Docteur en Kabbale et Docteur en Hermétisme.

89

Imagen 3

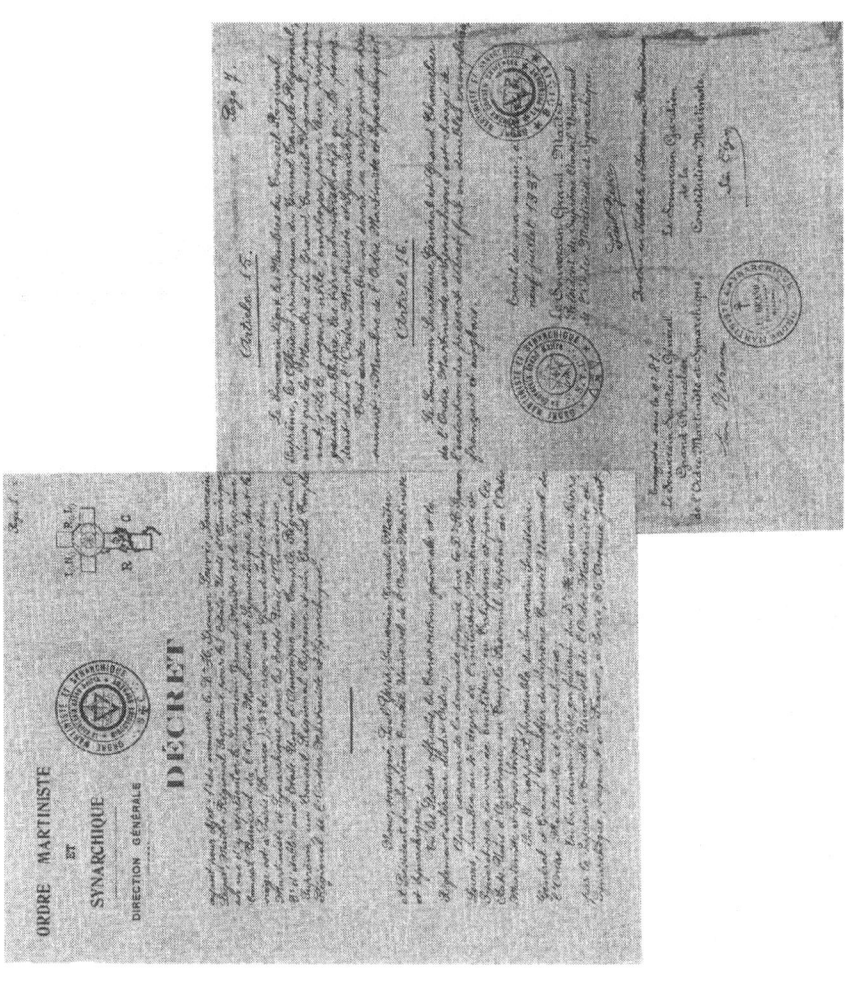

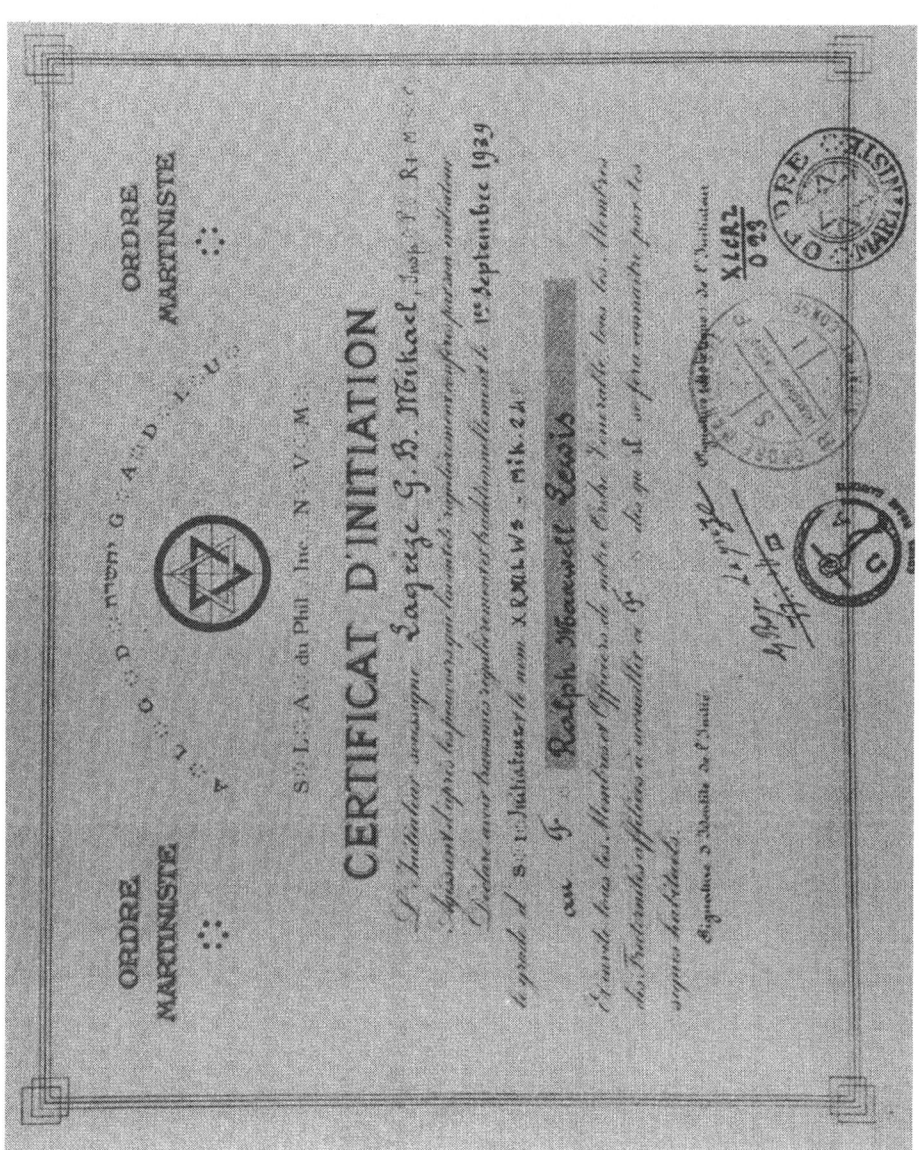

DOCTRINA MARTINISTA
MÉTODO Y DIALÉCTICA
por Robert Amodu

*"Los principios naturales son los únicos que se deben,
primeramente, presentar a la inteligencia humana y,
las tradiciones que se siguen, por más sublimes y
profundas que sean, jamás deben ser empleadas
sino como confirmaciones, porque la existencia humana
surgió antes que los libros"*
Retrato § 319
(Obras Póstumas Vol. I. pág. 40,41)

El Martinismo es una forma de vivir, pero sus principios de acción están subordinados a una determinada manera de pensar. La soberanía de la inteligencia y del sentido moral debe ser respetada. Ningún vulgar oportunista y ningún utilitarismo podrían ser admitidos. Las verdades esenciales y exactas que los libros sólo pueden confirmar, rigen nuestra existencia y nuestra actividad total. Cualquiera que sea el plano sobre el cual se haya el hombre, su conducta surge de sus certezas profundas, intelectuales, digamos la palabra: filosóficas. Es porque sabe de dónde viene y hacia dónde va que el hombre podrá orientar su acción política y darle un sentido. La respuesta al problema capital del destino humano contiene la solución de todas las cuestiones que se presentan al hombre.

Antes de poseer la lógica de esta deducción, antes de exponer las consecuencias morales o políticas de la doctrina Martinista, preguntemos, primeramente, cuál es su fundamento. ¿Cuáles son, en el espíritu de Saint-Martin, las verdades primeras y cómo las adquiriremos?

> "Es un espectáculo, bastante aflictivo, cuando se quiere contemplar al hombre, verlo atormentado por el deseo de conocer sin percibir las razones de cosa alguna y, al mismo tiempo, teniendo la audacia y la temeridad de querer darlas para todo"[60].

Esas primeras líneas de la obra inicial de Saint-Martin, facilitan el punto de partida y el plano de toda la doctrina Martinista.

> "El hombre es la suma de todos los problemas. Él mismo es un problema, el enigma de los enigmas. La cuestión que él deposita, la que su propia naturaleza encierra, nos obliga a solucionarla. Una teoría que no mirase, en primera instancia, el bien del hombre, sería totalmente inútil"[61].

Y ese bien sólo puede resultar de la respuesta a la interrogación humana. La existencia de esa interrogación será la primera certeza. En efecto, se impone una constatación: el estado del hombre. Ahora bien, este estado se caracteriza por la angustia, el sentimiento de limitación y de imperfección. El hecho de que el hombre pueda ignorar y asombrarse por esto, es un misterio inicial que ocasiona, lógicamente, las conclusiones sobre *el origen y el destino del hombre*. Pero es solamente por el estudio del hombre, por la profundización del problema, por la reflexión sobre los términos del problema, que encontraremos la solución del mismo. Tal es el método de Saint-Martin. Necesitamos explicar *"no el hombre por las cosas, sino las cosas por el hombre"*[62].

---

[60] Errores, 1782 I, pág. 3.

[61] Errores, prefacio, pág. V

[62] Errores, 1782 I, pág. 9

"Aquél que posee el conocimiento de sí mismo tendrá acceso a la ciencia del mundo, de los otros seres. Pero el conocimiento de sí, es solamente en sí que conviene buscarlo. Es en el espíritu del hombre que debemos encontrar las leyes que dirigirán su origen"[63].

El hombre que es el enigma, es también la llave del enigma. ¿Se podría decir que tenemos ahí una tautología? ¿Y no se podría probar el valor del espíritu o la eminente naturaleza del hombre por un método que los presupone? Pero no se trata de utilizar un método para demostrar la superioridad de la facultad intelectual. Ni siquiera se trata de una idea directriz apropiada para establecer las bases de esa facultad. Delante de su situación que es también su enigma, el hombre es naturalmente llevado a examinarse. Él quiere juzgar los elementos del enigma. Su reflejo normal (si podemos decirlo así) será mirar para sí mismo, pues ahí reside el problema. **También es una *infelicidad* para el hombre tener necesidad de pruebas *extrañas* a su persona** *"para conocerse y creer en su propia naturaleza, porque ella trae consigo testimonios mucho más evidentes que los que puede concentrar en la observación de los objetos sensibles y materiales"*[64].

Es solamente después de haberse reconocido por aquello que él es, que el hombre convencido de su Divinidad y de su situación central decide tomarse por medida de las cosas, o, al menos, por principio de su explicación. Afirmar que **de la verdadera naturaleza del hombre debe resultar** *"el conocimiento de las leyes de la naturaleza y de los otros seres"*[65], no es un postulado, es una certeza; la conclusión de una experiencia. Si el Martinismo nos hace encontrar la explicación del Universo y la visión de Dios, es porque tiene su fuente en *"el arte de conocerse a sí mismo"*. Saint-Martin, maestro de Occidente, se reencuentra aquí con la luz de Asia. El Buda, oprimido por la urgencia de nuestro estado, condenó enérgicamente las reflexiones sin

---

[63] Cuadro Natural, 1900, pág. 2

[64] Errores, I, pág. 56

[65] Cuadro Natural, 1900, pág. 2

provecho. Ellas nos desvían de nuestro verdadero interés. En efecto, ¡qué locura sería procurar, en primer lugar, saber si el principio de la vida se identifica con el cuerpo o es algo diferente! Sería como si un hombre, habiendo sido herido por una flecha envenenada y, cuyos amigos o compañeros, llamasen a un médico para tratarlo, dijese:

"no quiero que retiren esta flecha antes de que yo sepa quién fue el hombre que me hirió, si fue nuestro príncipe, un ciudadano o esclavo", o, "cuál es su nombre y a qué familia pertenece" o, "si es grande, pequeño o mediano…"[66]

Cierto es que ese hombre moriría antes de conocer todo esto.

Nuestra situación exige una respuesta exacta. Los otros problemas son accesorios. Pero, Saint-Martin, no los excluyó por ello del campo de la pesquisa humana. La investigación filosófica no fue prohibida. Él considera absurdo que nuestro espíritu, siendo ávido de conocimiento, no pueda satisfacer tal sed[67]. Simplemente establece esta curiosidad intelectual. Cuando el hombre reconoce el Camino que lo lleva a la Verdad, puede entregarse a la meditación sobre los misterios de Dios y del Universo. Pero no se pueden combinar los juegos del espíritu o sus procesos abstractos con la prioridad sobre la dirección de nuestra vida. Además, no existe desfase entre estos dos órdenes de pesquisa, sino sólo prioridad y dialéctica entre una y otra. Es digno notar que por *conspiración* universal todo está ligado, y que la solución del primer enigma conduzca también a la de los otros. Primeramente es necesario tratar la herida y extraer la flecha. Pero corresponde a la necesidad imperiosa de salvarnos descubrir la naturaleza de la herida, la cualidad del dardo y, por así decir, su marca de origen.

La cuestión de su origen y procedencia no será esclarecida de inmediato, pero la cura tendrá que ser procurada y los remedios tendrán

---

[66] Máxima Kikaya, 63

[67] Cuadro Natural, 1900, I, pág. 1

que ser recetados en primer lugar. El *Humanismo* de Saint-Martin[68] no es cosa a priori, pero procede de la experiencia más exacta e inmediata que el hombre pueda realizar: **la experiencia propia de la consciencia de su estado.**

Insistamos un poco sobre el carácter a priori que acabamos de negar en el Martinismo. Conviene no dejar ninguna duda. Es la naturaleza íntima de Saint-Martin lo que está en cuestión aquí. Se puede decir que su filosofía es a priori, porque explica lo inferior por lo superior, lo bajo por lo alto, los hechos por el principio. El materialismo sería, entonces, a posteriori, porque explica la materia por la materia, explica lo que parece trascender a la materia reduciendo al hombre a la propia materia. Superándola, encontraríamos aquí la fórmula de W. James: *"El empirismo es el hábito de explicar las partes por el todo".* Todo espiritualismo es, pues, a priori, y el Martinismo más que cualquier otro sistema. El libro *"De los Errores y de la Verdad"* procura mostrar la debilidad y la insuficiencia de una visión materialista del mundo. Esta oposición no es, en ninguna parte, tan sensible como la crítica del sensualismo procurada por Saint-Martin durante toda su vida[69].

Saint-Martin dice a un amigo que lo calificaba de espiritualista:

> "No es suficiente para mí ser espiritualista – y si él me conociese, lejos de restringirse a eso, me llamaría deísta: porque es mi verdadero nombre"[70].

El Martinismo es espiritualista y su objetivo principal es, por tanto, un *"a priori gigantesco"*, según la palabra de Henri Martin[71]. Pero que

---

[68] La palabra "humanismo" fue aplicada a Saint-Martin en un estudio original de Paul Salleron (Chronique de París, n° 9, Julio de 1944). El autor, después de Jacques Maritain, diferencia con sutil inteligencia el *"humanismo geocéntrico".* Es, evidentemente, por esta última expresión que Salleron designa la doctrina Martinista.

[69] El acontecimiento más estrepitoso de esta lucha incesante testimoniada por los libros y los apuntes históricos de Saint-Martin es la controversia con Garat, cuando su permanencia en la Escuela Normal.

[70] Retrato n° 576, I, pág. 72. Según ibíd., n° 362 *"Mi obra tiene su base y su desarrollo en lo divino, no dejará, espero, de tener su final en el mismo Divino".*

[71] Henri Martin: Historia de Francia, París, Furne, 1860 t. XVI, p. 530.

esa explicación a priori sea dada a priori: que sea presentada como un postulado, que se muestre inverificable y que se la pueda juzgar el fruto de una imaginación, he ahí lo contrario de la esencia de la filosofía de Saint-Martin. Porque esa filosofía está basada totalmente en una sentencia y en una dialéctica que examinaremos. Por no estar apoyada en la materia o no ser sensible a los sentidos físicos, no es menos exacta. Diríamos casi al contrario. ¿Saint-Martin no proclamó y no somos instados a experimentar junto a él, a hallar en nosotros pruebas más convincentes, que no encontraríamos en la Naturaleza entera?[72] Esas breves reflexiones sobre el método Martinista no tienen la pretensión de determinar su esencia. Ésta se desprende de la propia exposición de la doctrina de Saint-Martin.

Después de facilitar algunas explicaciones de la doctrina, destacaremos algunas características principales de la misma. Entre tanto, convenía explicar, nítidamente, la base de la reflexión Martinista. *"Saint-Martin desea creer*, escribió Matter[73], *pero con inteligencia, a pesar de ser un filósofo místico"*. La teosofía de Saint-Martin no es una obra de la imaginación, una telaraña de afirmaciones inverificables, ni de devaneos místicos. Para alcanzar las cimas de la metafísica y de la espiritualidad, el pensador de Amboise, no se establece en el plano de las especulaciones abstractas, inaccesibles a lo vulgar. Él nos alcanza en nuestro nivel – en el nivel del hombre. De ahí nos reconducirá hasta Dios, del cual nos sentimos tan cruelmente apartados.

El itinerario de ese recorrido, he ahí lo que ahora necesitamos determinar con exactitud. Podremos constatar así la coherencia del sistema Martinista. Enseguida examinaremos, sucesivamente, las diferentes partes, que sin este trabajo preliminar correrían el riesgo de

---

[72] Conf. El Ministerio del Hombre Espíritu, pág. 1, 3, 7 y 8. *"Todos los recursos extraídos del orden de este mundo, del orden de la naturaleza, son precarios y frágiles… Para nosotros es mucho más fácil alcanzar las luces y las certezas que brillan en el mundo donde habitamos, que hacernos familiares con las oscuridades y las tinieblas que envuelven el mundo donde estamos; …en fin, estamos más próximos a aquello que llamamos el otro mundo, que a este"*.

[73] Matter: Saint-Martin, el Filósofo Desconocido, pág. 219.

parecer desprovistas de fundamento. Esbocemos, pues, el esquema de una dialéctica Martinista.

El hombre, inicialmente, toma *consciencia de su estado*. Entendemos por lo que fue dicho anteriormente que el hombre se conoce tanto en espíritu como en cuerpo, o más explícitamente, constata en él y fuera de él manifestaciones variadas. En la medida en que estas manifestaciones le pertenecen o le afectan – y ¿cómo las conocería sin ser alcanzado por ellas? – y en la proporción en que estas manifestaciones le afectan, de alguna manera, ellas contribuyen a constituir *su estado*.

> "Ahora bien, aquellos que no hayan sentido su verdadera naturaleza, sólo les pediría que se prevean contra los desprecios. Porque en lo que ellos llaman hombre, en lo que denominamos moral, en lo que llamamos ciencia, en fin, en lo que se podría llamar el caos y el campo de batalla de sus diversas doctrinas, ellos encontrarán tantas acciones dobles y opuestas, tantas fuerzas que se enfrentan y se destruyen, tantos agentes nítidamente activos y tantos otros nítidamente pasivos, y esto sin buscar fuera de su propia individualidad, tal vez, sin poder decir, siquiera, lo que nos compone, concordarían que, seguramente, todo en nosotros no es semejante y que no existimos sino en una perpetua diferencia, sea con nosotros, sea con todo lo que nos rodea y todo lo que podamos alcanzar o considerar. Sólo sería necesario, de forma inmediata, tratar con alguna ciencia estas diferencias para percibir su verdadero carácter y para colocar al hombre en su debido lugar"[74].

Saint-Martin invita, pues, al hombre, a considerarse y a analizar con cuidado la realidad que haya alcanzado. Así el hombre descubrirá su verdadero lugar y percibirá la armonía del mundo de acuerdo con el famoso adagio de Delfos: *"Conócete a ti mismo y conocerás el Universo y los Dioses"*. A invitación de Saint-Martin, procedamos pues, haciendo el examen que él preconiza, al examen del hombre. El simple examen de su presente situación le revela que ese estado se resume así: la coexistencia de elementos aparentemente contradictorios, ambos objeto de una experiencia igualmente exacta.

---

[74] El Hombre Nuevo.

I – El hombre descubre en sí un principio superior. Observa su pensamiento, su voluntad, todos *"estos actos de genio y de inteligencia que lo distinguen siempre por características impresionantes e indicios exclusivos"*[75]. ¿Por qué, pues, el hombre puede apartarse de la ley de los sentidos?[76] "¿Por qué el hombre es dirigido por un maravilloso sentido de moral, infalible en su principio? No es sino porque es esencialmente diferente debido a su Principio intelectual[77] y es el único favorecido aquí abajo por esa sublime ventaja…"[78].

La consciencia de sí da al hombre una certeza primordial. *"Cuando sentimos una sola vez nuestra alma, no podemos tener ninguna duda sobre sus posibilidades"*[79]. Pero, lo que le surge, ante todo, es el sufrimiento necesario de sentirse exilado, es la nostalgia de una morada edénica. *"El hombre, en verdad, en calidad de Ser intelectual, lleva siempre sobre los Seres corporales la ventaja de sentir una necesidad que le es desconocida"*[80]. El Filósofo reunió entonces esas múltiples pruebas, esos testimonios irrecusables y el espectáculo de su alma inspira a Saint-Martin esta revelación: *"Ciudadano inmortal de las regiones celestes, mis días son el vapor de los días del Eterno"*[81]. No atribuyamos, de momento, ninguna importancia metafísica a este verso del Teósofo. En él no tenemos sino la afirmación de nuestra grandeza, a la cual Saint-Martin va a oponer el espectáculo de nuestra miseria.

II – Al mismo tiempo que reconoce la trascendencia de su espíritu, el hombre percibe el conjunto de males y de desgracias por los cuales está cercado. La realidad del sufrimiento se nos impone, en efecto,

---

[75] *Cuadro Natural*, 1900, I. pág. 6. "El hombre, a pesar de su degradación fatal, trae en sí siempre señales evidentes de su origen Divino", J. de Maestre, *Las Veladas de San Petesburgo*, VII Velada.

[76] Errores, I, 51.

[77] Ibid. I, 55.

[78] Ibid. I, 61.

[79] Correspondencia, pág. 31.

[80] Ibíd.

[81] Estancias, I, pág. 19.

de la manera más trágica. Inútil es pintar el cuadro de las debilidades y de las desgracias de los hombres. Nadie los ignora porque nadie puede vivir sin tomar parte en ellas. *"No existe una persona de buena fe*, dice Saint-Martin, *que no considere la vida corporal del hombre una privación y un sufrimiento continuo"*[82]. La aproximación entre esta evidencia y esta certeza anteriormente adquirida se evidencia, al mismo tiempo, inevitable y sorprendente.

> "Tanto es así que el estudio del hombre nos hace descubrir, en nosotros, relaciones con el primero de todos los principios y los vestigios de un origen glorioso, cuanto el mismo estudio nos deja percibir una horrible degradación"[83].

Saint-Martin explicó en su bellísimo análisis de la *miseria espiritual*, cómo la unión de estas dos conclusiones caracteriza nuestro estado. Para explicar un pasaje del Ecce Homo, el Filósofo pone en cuestión la ambivalencia del hombre, la dualidad de su naturaleza.

> "La miseria espiritual, dice él, es el sentimiento vivo de nuestra privación Divina aquí en la tierra, operación que se combina: 1° con el deseo sincero de reencontrar nuestra patria; 2° con los reflejos interiores que el sol Divino nos irradia, algunas veces, la gracia de enviarnos hasta el centro de nuestra alma; 3° con el dolor que experimentamos cuando, después de haber sentido alguno de esos Divinos reflejos tan consoladores, recaemos en nuestra región tenebrosa para continuar aquí nuestra expiación"[84].

Retomando otra fórmula de Saint-Martin:

> "Existen seres que sólo son inteligentes; existen otros que sólo son sensibles; el hombre es al mismo tiempo uno y otro, he ahí la clave del enigma"[85].

---

[82] Errores, 1782 I, pág. 31.

[83] Cuadro Natural, V, 1900, pág. 53.

[84] Correspondencia, pág. 36, 37.

[85] Errores, I, pág. 49.

La contradicción brota de este aspecto, de este doble aspecto de la existencia humana, como surge entre el deseo de saber y el fracaso frecuente de las tentativas para llegar a ello. "¡El hombre, un Dios! Verdad; ¿no es una ilusión? ¿Cómo *el hombre, ese Dios, ese prodigio fantástico, definiría el oprobio y la debilidad?*[86] El problema está presentado. Los datos son explícitos. El encuentro de dos experiencias, su simultaneidad, he ahí el punto de partida de la dialéctica Martinista. La tristeza de nuestro destino no facilitaría material para ninguna reflexión si no estuviese, justamente ahí, el espíritu para tomar conocimiento.

"El temor, dice Aristóteles*, es el comienzo de la filosofía"*. Él entendía que la atención se dirigía así a los problemas que el vulgo ignora. Pero, el temor es también objeto de meditación. Por su propia existencia el temor o la angustia, si queremos, señala una oposición entre aquél que teme y aquello que es temido. Es la más directa réplica al materialismo. Impide considerar el mundo material como única realidad, autosatisfaciéndose, existiendo sólo, porque existe siempre el mundo y aquél que lo juzga. El mundo no puede ser una máquina nocturna, porque encontrará al hombre para observarlo girar. Descarte su asombro, que es indiscutible, y parecerá un nudo de contradicciones; forma parte también de la situación del hombre. Miseria humana, experiencia de todo momento. Grandeza del hombre que se sabe infeliz. Grandeza y miseria humana interpenetrándose. La primera permitiendo la segunda y la segunda llevando al espíritu a elevarse en la instrucción de la primera.

Que la ambivalencia de nuestro ser que induce a dividir los seres y las cosas en dos clases hace que la creencia en un principio malo y poderoso, aunque sometido al Principio del Bien, haya surgido de la misma reflexión. Esto es cierto y confirma la importancia de esta consideración. Aquí sólo examinamos las aristas de la doctrina Martinista. Antes de todo, destinada a instruir al hombre sobre sí

---

[86] Estancias, 5, pág, 20.

mismo, podrá, enseguida, enseñarle la Ciencia del Mundo y de Dios. Pero es, primeramente, el método de su propio estudio. El hombre, inicialmente, se interesa por él mismo. Si el autoconocimiento permite abordar las pesquisas de las leyes que rigen el Universo, si este conocimiento nos lleva hasta Dios, no tiene menos por objeto la solución del problema del hombre. Es de este problema que es necesario, en primera instancia, ocuparse, porque él es, en esencia, el único. Nunca el hombre se apercibirá demasiado de esto.

Admitimos, pues, como base de la doctrina Martinista, esta contradicción, esta dualidad de la persona humana. ¿Será ahí que reside la originalidad de Saint-Martin? Absolutamente no. Numerosos fueron los pensadores que descubrieron en la condición humana un tema rico en enseñanzas. Aristóteles, después Platón, sabían bien que la esencia del hombre, su alma, era *algo Divino*. De San Pablo a Pascal, la lucha de las dos leyes de la carne y del alma constituyeron argumentos clásicos para la apología cristiana. *"Siento en mis miembros,* dice San Pablo, *otra ley que se opone a la ley del Espíritu y me aprisiona en la ley del pecado que está en mis miembros"*[87].

"La grandeza del hombre es grande en la medida en que él se reconoce miserable", leemos en los Pensamientos[88]. El descubrimiento por el hombre de su caída y la consciencia de su filiación Divina, para explicar su estado actual, está expuesto en varias etapas de la historia de la filosofía. Y Saint-Martin no busca innovar en su doctrina. Al contrario, se felicita por reencontrar, sin cesar, las enseñanzas tradicionales o los descubrimientos de los filósofos. La tradición ocupa un lugar muy importante para él. Y, si de buen grado, citamos a Pascal, es porque su doctrina se mezcla, a veces, al pensamiento Martinista. El propio Saint-Martin señaló este parentesco intelectual: *"Leed,* nos dice en un texto poco conocido, *los Pensamientos de Pascal...* Él dice en términos propios lo que os dije y lo que publiqué: saber que el dogma del pecado original resuelve mejor nuestras dificultades que

---

[87] Romanos, VII, 23.
[88] Edición Brunschwieg, 165.

todos los reaccionarios filosóficos"[89]. En efecto, llegamos, tanto con Saint-Martin como con Pascal, a resolver el enigma que el hombre trae consigo. Después de haber representado al hombre y sutilmente haberlo analizado, compitió al Teósofo deducir, de acuerdo con su método, las consecuencias de los hechos que acababa de conocer. Vemos manifestar aquí su esfuerzo de síntesis. Saint-Martin conciliará los elementos opuestos que forman el hombre, mostrará que ellos pueden ser resueltos en una explicación. El método será siempre la profundización en estas contradicciones que constituyen el hombre.

III – *"Por el sentimiento de nuestra grandeza, concluimos que no somos sino Pensamientos de Dios, al menos, Pensamientos de Dios"*[90]. *"Por el sentimiento doloroso de la horrible situación que es la nuestra, podemos formar una idea del estado feliz en que estuvimos anteriormente".*

"Quién se haya infeliz por no ser rey, dice Pascal, *sino un rey destronado"*[91]. Y Saint-Martin: *"Si el hombre no tiene nada es porque lo tenía todo"*[92].

De una parte, la certeza de nuestro origen sublime, quiere que nosotros tengamos la intuición de nuestra facultad esencial o quiere que la deduzcamos de nuestra miseria actual; de otra parte, esa misma miseria. Sólo la caída puede explicar esa posición, ese pasaje. Sólo una doctrina de la caída explicará el hecho de haber caído el hombre. Puesto que, tanto el estado primordial de felicidad es una certeza que

---

[89] Carta de 27 Fructidor, publicada por la "Iniciación" en febrero de 1912. Tomemos aquí el ejemplo de Pascal porque el propio Saint-Martin nos invita a hacerlo. Pero, este procedimiento que le es común, es el mismo del cristianismo. Según, por ejemplo, Calvin: Institution Chretienne (Edición Lefranc, París, Champion, 1911, pág. 32) que J. de Saussure resume así: *"La revelación de Dios divide de este modo el alma en dos convicciones opuestas: la de su dignidad en cuanto a sus propios orígenes y su fin supremo, y la de la indignidad en cuanto a su estado actual" (En la escuela de Calvin, París. "Je sers", 1930, pág. 62).*

[90] Ecce Homo, 2, pág. 19

[91] Pensamientos. Edición Brunschwieg, 409.

[92] Errores, 1782, pág. 30.

adquirimos y que la miseria en la cual nos debatimos es una realidad no menos evidente, es preciso admitir una transición de un estado hacia el otro. Tal es la caída.

Sugerimos un análisis más sutil del sublime estado que tornaba al hombre *tan grande y tan feliz*. Comprendemos como Saint-Martin que este podía nacer del conocimiento íntimo y de la presencia continua del buen Principio. Encontraremos la tercera norma de lo que se puede llamar dialéctica Martinista. Podemos entonces resumir el desarrollo de esa dialéctica utilizando las propias palabras del Teósofo:

> "¡El hombre es un Dios! Verdad".
> "¿Cómo el hombre, este Dios, este prodigio extraordinario, se debilitó en el oprobio y en la flaqueza?"
> "¿Por qué este hombre se debilita, actualmente, en la ignorancia, en la debilidad y en la miseria, si no es porque está separado de este principio que es la única luz y el único apoyo de todos los Seres?"[93]

Tales son los principios. Tal es el camino por el cual el hombre llega a la comprensión de su estado. Se puede construir sobre este esquema la doctrina Martinista completa. Es el fundamento psicológico indispensable de las múltiples explicaciones que inspirará el pensamiento del Filósofo Desconocido. ¿No está claro de aquí en adelante el destino del hombre? *"Encadenado sobre la tierra como Prometeo"*[94], exiliado de su verdadero reino, ¿qué meta podría proponer sino la de reconquistar y la de reintegrarse a su patria?

Y el medio de reencontrar el paraíso perdido, ¿no lo poseemos también? Sabemos cómo fue abatido el hombre. Ahora bien, la mera descripción de ese Edén nos mostrará que está dispuesto *"con tanta sabiduría que, retornando sobre sus pasos, por los mismos caminos, ese hombre debe estar seguro de recuperar el punto central en el cual sólo puede gozar de alguna fuerza y de algún reposo"*[95]. Y la teoría de

---

[93] Errores, 1782, pág. 31.

[94] Cuadro Natural, 1900, pág. 57.

[95] Errores, 1782, pág. 37, 38.

la Reintegración debe, necesariamente, girar en torno de la figura central del Reparador. Es todo el Martinismo, magníficamente coherente y sólido, que se desarrolla en el entendimiento a partir de las intuiciones fundamentales.

Hemos visto la *dialéctica* de Saint-Martin y descrito bajo este término el recorrido del hombre en dirección al conocimiento de su origen y de su destino. Es interesante notar que esta marcha del pensamiento reproduce la propia marcha del ser. Comparemos, en efecto, la aprehensión del hombre por sí mismo con sus consecuencias y la aventura humana que esta aprehensión permite reconstituir.

> 1º - El hombre goza inicialmente de la felicidad edénica. El *Menor* toma consciencia de su imperfección actual y de la aspiración de su espíritu, en una palabra, de la idea de la beatitud original. Recuerda esto en primer lugar.
>
> 2º - Después medita sobre el sufrimiento que es su quiñón en esta vida. Descubre el estado después de la caída. Así el hombre en su periplo cae del Cielo para venir a la Tierra.
>
> 3º - Finalmente, el Hombre miserable comprende el misterio del pasaje, la distancia que separa los dos estados. Así el Hombre caído transpondrá nuevamente la distancia infinita, rehará el trayecto que conduce a la Felicidad y obtendrá su Reintegración.

Tesis, antítesis y síntesis. Felicidad primordial, caída y reintegración. **El *Menor* espiritual posee el trazado de su destino.** Él reconoce, seguramente, a través de un procedimiento lógico basado en su curva ontológica. Cada hombre reencuentra en su espíritu la eterna epopeya del Hombre.

"Tengo por verdadero lo que me es dado por verdadero en el fondo íntimo de mi alma"[96]. Así, Salzmann define la verdad. Sin duda, Saint-Martin no habría negado esa profesión de fe de un iluminado.

---

[96] Carta al Sr. Herbort.

¿Pero lo habría juzgado suficiente para fundar una doctrina, para presidir una iniciación, es decir, un comienzo? Es lo que se pretendió varias veces. Algunos quisieron construir el conjunto del sistema Martinista sobre ese único criterio subjetivo. Y es porque el cuadro del cual tratamos de trazar las grandes líneas parecerá, tal vez, muy intelectual, muy intelectualista. Nos censurarán, tal vez, por haber insistido sobre el aspecto racional del Martinismo. Sería fácil responder que este aspecto es el único que se puede exponer o discutir y que más allá de todo, la pura mística no se describe ni se pliega, que la exhortación, por el propio hecho de ser formulada, sufre el impacto de la razón y reconoce implícita-mente su poder.

Se diría que Saint-Martin es un místico. La doctrina Martinista es una doctrina mística. Ciertamente, pero sería traicionar la memoria de Saint-Martin presentarlo como un puro discípulo de Madame Guyon.

Balzac critica violentamente ciertos escritos místicos:

> "Son escritos sin método, sin elocuencia, y su fraseología es tan bizarra que se pueden leer mil páginas de Madame Guyon, de Swedenborg y sobre todo de Jakob Böhme, sin deducir nada de ahí. Ustedes van a saber por qué, a los ojos de estos creyentes, todo está demostrado."
> Prefacio del libro *Mystique*
> Obras completas, Calmann Levy, XXII, 423

Si esas censuras pueden, con rigor, aplicarse a Jakob Böhme, ellas no tocan a Saint-Martin. Los impulsos del Hombre de Deseo reposan sobre las consideraciones filosóficas *De los Errores y de la Verdad*, o el *Cuadro Natural*[97].

Es preciso que nos entendamos sobre la expresión mística. La palabra mística, como la hindú yoga, sirve para designar dos ideas diferentes: por un lado unión con Dios, la vida que los cristianos llaman *unitiva*, de otra parte un camino, un método, una técnica (a veces, muy próxima al plano físico, como en el Hatha Yoga), que conduce a esa unión. De un lado la meta, de otro los medios para

---

[97] Que Balzac, fervoroso en la época Martinista, evita citar.

alcanzarla[98]. Para retomar la terminología Martinista, diferenciaremos entre la Reintegración y el Camino Interior que conduce a ella.

En el esbozo del camino hacia Dios pueden figurar aspectos racionales que no tendrán lugar en la existencia del hombre reintegrado. En cuanto a la ascesis, a esa preparación moral a la vida unitiva, ocupa un lugar en el cuadro de los elementos racionales. Aún más, se apoya en ellos. Conviene, pues, tratar de los mismos en primer lugar.

Encontraremos en Saint-Martin la idea de Dios *sensible en el corazón*. Pero esta relación sólo constituye, más seguidamente, un ideal o fruto del amor y su coronamiento. El conocimiento de Dios, corolario del conocimiento del hombre, puede también ser adquirido a través del camino intelectual.

> "En lo que se refiere a las dos puertas, el Corazón y el Espíritu, creo, escribe el filósofo, que la primera es mucho más preferible que la otra, sobre todo, cuando se tiene la felicidad de participar en ella. Pero ella no debe ser absolutamente exclusiva, principalmente cuando es necesario hablar a las personas que sólo poseen la puerta del Espíritu apenas entreabierta, y es preciso ser muy escrupuloso sobre esa enseñanza hasta que surja la luz"[99].

El método es, en ambos casos, de idéntica inspiración. Es en el hombre que encontramos a Dios. Pero en cuanto que el descubrimiento místico se revela estrictamente personal y a veces infructífero, el procedimiento racional se revierte de un valor universal. El *Cuadro Natural*, por ejemplo, mostrará el examen del espíritu, la formación de las ideas, en una palabra, que la psicología supone Dios[100]. Se descubrirá, así, un nuevo elemento a integrar en la dialéctica Martinista y que justificará el préstamo de la senda interior.

---

[98] *"El Yoga es el conjunto de procesos físicos, mentales y espirituales que tienen por finalidad la transformación profunda del Ser humano, el despertar en él del Hombre Nuevo que, en estado normal es trascendental e inaccesible"*. (J. Marqués-Rivière: Le Yoga Tantrique, pág. 16, París, 1937). ¿Podríamos facilitar una definición más detallada de la mística Martinista que el despertar del Hombre Nuevo?

[99] Carta a Willermoz, 3 de febrero de 1784. Papus, pág. 170.

[100] Cuadro Natural, pág. 8, 9, 10 y 11.

Por más inesperada que parezca esta aproximación, el iluminismo de Saint-Martin se halla bien caracterizado por las observaciones de un Maurice Blondel. ¿Qué es la mística? Pregunta este autor, y responde:

"La mística no nos conduce a lo que es oscuridad o iluminismo, hacia lo que es subliminal o supraliminal, para un juego de perspectiva subjetiva, sino hacia un modo determinado positiva y metódicamente de la vida espiritual y de la luz interior, esto quiere decir que ella implica en el empleo previo y concomitante de disposiciones intelectuales e inteligentes, un querer muy consciente y muy personal, una ascesis moral según graduaciones observables y regulables"[101].

Reprobamos, como Maurice Blondel, ese falso iluminismo. El propio Saint-Martin lo denunció vigorosamente en *Ecce Homo*. Y nosotros lo reprobamos porque él está en contradicción con el verdadero iluminismo, del cual el Martinismo representa el tipo acabado. Una palabra no debe lanzar el descrédito sobre una doctrina que ella no designa sino por confusión.

"En general, me ven como un iluminado, decía Saint-Martin, sin que el mundo sepa, todavía, qué se debe entender por esta palabra"[102].

J. de Maestre observará también, en sus Veladas de San Petersburgo[103], hasta qué punto ese nombre fue desviado de su verdadero significado.

"Llaman iluminados a delincuentes que osaron, hoy, concebir e incluso organizar en Alemania la más criminal asociación, horrendo proyecto de extinguir el Cristianismo y la Monarquía en Europa[104]. Se da ese mismo nombre al discípulo virtuoso de Saint-Martin, que no profesa solamente el Cristianismo, sino que trabaja para elevarse a las más sublimes alturas de esa ley Divina".

---

[101] Cahiers de la Nouvelle Journèe *"Lo que es la mística"* (Bloud y Gay, editores), pág. 19.

[102] Retrato nº 743, pág. 97.

[103] Veladas, XI Velada (II, 165).

[104] Esta organización es la de los Iluminados de Baviera, discípulos de Jean Weishaupt. (R. A.)

El iluminismo es, en resumen, el sistema, la manera de actuar del espíritu, que ofrece la salvación en la iluminación. Pero que el iluminismo presupone esa iluminación, nada es menos cierto. Sin duda Dios podrá manifestarse precozmente y sin preparación. La certeza será manifestada, y más que la certeza de una doctrina, la meta será alcanzada. Pero Saint-Martin posee la más fiel y la más exacta imagen del hombre. Nosotros lo vimos extraer de esa aguda percepción de la esencia humana sus más fuertes argumentos. La búsqueda de Dios, el camino para la reintegración; él admite que nosotros poseemos su llave para una revelación inmediata. Es preciso procurarla, pedirla, solicitarla. Es por medio de esa finalidad, para responder a esa necesidad racional, que se erguirá hostil si no la satisfacemos, que el Martinismo usa una dialéctica.

Saint-Martin declara que el mayor error del hombre sería desinteresarse por la verdad, y también el juzgarla inaccesible. *"Tú no me buscarías si ya no me hubieras encontrado"*, dice Pascal. Y San Agustín, demostraba que en la base del pedido de gracia había ya una gracia que permitía formular la oración. Pero cualquiera que sea la gratitud de salvación, de la Reintegración, no permanece, excepto al principio, un movimiento voluntario. El Martinismo no desconoce la voluntad, sobre todo cuando ella procura identificarse con la voluntad de Dios. Porque es allí que encuentra su plena expansión. En el primer paso que conduce al Camino, el Hombre debe contribuir con su esfuerzo. Y como no actúa sin razón y sin motivación, cabe a la dialéctica Martinista indicarle la estrella que lo conducirá hasta Dios, su Principio.

Feliz aquél que vea a la iluminación esclarecer la conclusión racional con los rayos de la certeza. Estará próximo a la meta. La dialéctica habrá conducido a la mística, pues habrá revelado al hombre a sí mismo.

"Nuestro ser, siendo central, debe encontrar en el centro, donde están todos los auxilios necesarios, su existencia"[105].

---

[105] Correspondencia, pág. 15.

Que él ahí se encuentre con el secreto de su destino y de su origen, con los medios de realizar uno retornando al otro. Tal es la gran enseñanza del Martinismo.

EL MARTINISMO COMO CABALLERÍA ESPIRITUAL CRISTIANA DEL ETERNO

"Lo primero que has de traer a la memoria una y otra vez
es que toda la vida de los mortales
no es más que una milicia,
como lo afirma el muy ejercitado en ella
y nunca vencido caballero Job [Jb 7:1]"
Enquiridion – Manual del caballero cristiano
ERASMO DE ROTTERDAM

"También los rasgos de este sello sagrado,
que caracteriza el alma del hombre,
resistirán eternamente a todos los poderes destructores.
A pesar de la longitud de los tiempos,
a pesar del espesor de las tinieblas,
siempre que contemple sus relaciones con Dios
volverá a encontrar en él los elementos indisolubles de su esencia original
y los indicios naturales de su glorioso destino".
Ecce Homo, § II
LOUIS-CLAUDE DE SAINT-MARTIN

Recordamos de nuevo estas relevantes declaraciones de Papus (1865-1916), fundador de la Orden Martinista, calificando la Orden como una **Caballería Espiritual Cristiana** operando bajo una gran discreción:

> "El Martinismo defiende la acción del Cristo. El Martinista es el caballero de la idealidad cristiana. Mediante la enseñanza oral de la tradición occidental cristiana pone a punto al alma para percibir la vivificante acción del Verbo divino del Cristo glorioso… […] resaltemos que la Orden recibió de Saint-Martin el Pantáculo y el nombre místico de Cristo, Ieshuah, que adorna todos los documentos oficiales del Martinismo. Es necesaria toda la fe de un clérigo para creer que ese nombre sagrado se relacione con otro diferente del de Jesús Cristo, el Divino Verbo Creador […]. La filiación Martinista se mantuvo viva gracias a pequeños grupos muy dinámicos que, efectuando un modesto ocultismo fiel a la conservación de la tradición iniciática del espiritualismo, caracterizado por el Misterio de la Santísima Trinidad y los misterios de Cristo, la alejaron de todo sectarismo"[106].

El espíritu caballeresco cristiano que asume el Martinismo hace de sus Iniciados copartícipes de Cristo en su labor reparadora del hombre como Templo de Dios vivo y de una sociedad ordenada donde prevalezca el culto a Dios y el amor al prójimo. Stanislas de Guaita (1.861-1.897), en su *Discurso Iniciático*[107]*"*, lo recuerda de esta forma:

> "No olvidéis jamás que el Adán universal es un Todo homogéneo, un Ser viviente, del que somos los átomos y las células orgánicas que lo constituyen; vivimos todos los unos en los otros… […] Quien trabaja para los demás, trabaja para sí mismo; quien mata o hiere a su prójimo, se mata o hiere a sí mismo; el que lo ultraja, se insulta a sí mismo".

Lo mismo que nos dice el apóstol Pablo:

> "pues somos miembros los unos de los otros" (Ef. 4:25) y, "siendo sinceros en el amor, crezcamos en todo hasta Aquél que es la Cabeza, Cristo, de quien todo el cuerpo recibe trabazón y cohesión por medio de toda clase de junturas que llevan la nutrición según la actividad propia de cada una de las partes, realizando así el crecimiento del

---

[106] *"Martinezismo, Willermozismo, Martinismo y Franc-masonería"*, Papus.

[107] Discurso iniciático para una Recepción Martinista al Tercer Grado.

cuerpo para su edificación en el amor" (Ef. 4:15-16). "Si sufre un miembro, todos los demás sufren con él. Si un miembro es honrado, todos los demás toman parte en su gozo" (1ª Co. 12:26).

Pero todas estas cosas no son más que una misma cosa: Dios, Cristo, cuerpo, miembros.

Estos ideales son acogidos por el Martinismo frente al estado degradado de la sociedad de todos los tiempos, donde nuestras deformidades se enmascaran *"con toda suerte de miembros artificiales"*[108] generando *"vías desalineadas y corrompidas"*[109] y procurando *"el cuadro de una gloria que no es más que el fruto de la mentira"*[110], donde *"consumimos nuestros días en inmolarnos mutuamente, mientras que siguiendo la vía que debería trazarnos el sentimiento de nuestras miserias e imperfecciones, nos habríamos podido resucitar mutuamente"*[111]: Ecce Homo.

> "Es por esto que el sacerdote enseña una fe ciega en su carácter y en sus decisiones, cuando no tiene en su mano el verdadero poder y la verdadera luz; es por esto que el filósofo y el orador suplen por sistemas y formas de elocuencia los principios fundamentales que les faltan para establecer el reino de la verdad; es por esto que los legisladores exaltan los derechos de los pueblos y el poder de las naciones cuando no conocen los verdaderos fundamentos de la soberanía política; es por esto que el hipócrita se procura por los disimulos y su astucia el buen renombre que no puede adquirir por sus virtudes, sin contar aquí todos los otros extravíos, todas las bajezas, todas las injusticias que componen en todas partes la vida de las asociaciones humanas"[112].

Y es aquí donde el Caballero de Cristo construye y defiende su Templo con *la palabra de la Verdad*, cimentándolo con el amor fraterno, prefiriendo la solidez del espíritu a la habilidad en la

---

[108] Ecce Homo, Louis-Claude de Saint-Martin, § III.
[109] Idem
[110] Idem
[111] Idem
[112] Idem

disputa y buscando el alimento del alma antes que la agudeza del ingenio; trazando el camino según la ley espiritual y no carnal (Rom. 7:14).

El Martinista participa del combate en el reino de las tinieblas, en el reino de la ignorancia impulsado por los instintos bajo el velo de la materia, cuya influencia no deja de contaminar al hombre caído, a quien la Providencia otorgó su socorro por mediación del Gran Reparador, el Cristo glorioso, convirtiéndose así en soldado, defensor y guardián del orden cósmico restaurado. Este nuevo orden se establece en la armonía que nace de la unión de la Creación con su Creador y que debe ser reflejada en el Universo, en el hombre y, por lo tanto, en la sociedad humana. Para participar de esta divina misión, que no es otra que la de la verdadera Iniciación, el hombre debe previamente haber vencido sus pasiones y triunfado sobre su naturaleza animal, siendo así un ejemplo de la rectitud y de la virtud que quiere transmitir. *"Purifícate, pide, recibe, actúa: toda la obra está en estos cuatro tiempos"*[113], nos dice Saint-Martin. El Martinista es al mismo tiempo que un *"Guardián del Templo"* un *"Obrero del Templo"*.

El combate al que se entrega actualmente el Caballero cristiano de nuestra Orden no tiene nada que ver con las armas propias de las Órdenes caballerescas histórico-temporales, sino con las armas espirituales de la fe que provienen de una Orden más Alta y más Santa que está más allá del tiempo y del espacio. Al margen de toda contingencia efímera, nuestra Orden constituye una *"Milicia Espiritual"* del Eterno, la de los *milites Christi*, los soldados de Cristo; y esta es la naturaleza de sus armas:

> **Sab. 5:17-20**: *"Tomará su celo como armadura, y armará a la creación para castigo de sus enemigos; por coraza vestirá la justicia, se pondrá por casco un juicio sincero, embrazará como escudo su santidad invencible, afilará como espada su cólera inexorable, y el universo saldrá con él a pelear contra los insensatos".*

---

[113] El Hombre de Deseo, Saint-Martin, § 8.

Is. 59:17: *"Se puso la justicia como coraza y el casco de salvación en su cabeza. Se puso como túnica vestidos de venganza y se vistió el celo como un manto".*

2ª Cor. 10:3-5: *"Pues, aunque vivimos según la carne no combatimos según la carne. ¡No!, las armas de nuestro combate no son carnales, antes bien, para la causa de Dios, son capaces de arrasar fortalezas. Deshacemos sofismas y toda altanería que se subleva contra el conocimiento de Dios y reducimos a cautiverio todo entendimiento para obediencia de Cristo".*

Ef. 6:10:20: *"Por lo demás, fortaleceos en el Señor y con su fuerza poderosa. Vestid la armadura de Dios para poder resistir las estratagemas del diablo. Pues no peleáis contra seres de carne y hueso, sino contra las autoridades, contra las potestades, contra los soberanos de estas tinieblas, contra espíritus malignos del aire. Por tanto, requerid las armas de Dios para poder resistir el día funesto y manteneros venciendo a todos. Ceñíos los lomos con la verdad, revestid la coraza de la justicia, calzad las sandalias de la prontitud para el evangelio de la paz. Para todo embrazad el escudo de la fe, en el que se apagarán los dardos incendiarios del maligno. Poneos el casco de la salvación, empuñad la espada del Espíritu, que es la palabra de Dios. Constantes en rezar y suplicar, rezad en toda ocasión con espíritu...".*

Este combate espiritual ya estaba presente en el trabajo teúrgico de la *Orden de los Caballeros Masones Élus Cohen del Universo*, donde Saint-Martin alcanzó el grado más alto, el de R+C, y cuya doctrina será fundamento continuo de su inspiración. Robert Amadou escribe:

"Los Cohens son combatientes, aunque limitan sus acciones físicas a lo invisible. Lo invisible o lo fundamental. Todo lo que ocurre en la tierra es, en parte, un reflejo de lo que ocurre en los cielos. La caída circunscribe la lucha de los humanos y les vale directamente el soplo de una fuerza sobrehumana. Incluso el acceso individual al paraíso tiene como eje el combate de las fuerzas evolutivas contra las fuerzas regresivas. Dios no llama tanto al hombre contra sus enemigos como los hombres reclutan a Dios contra los suyos, que son los mismos. Dios tiene su ejército de espíritus buenos y de ángeles buenos (bajo reserva de inventario). El ejército adversario congrega a los espíritus o ángeles malos. El hombre elegirá su campo y se juntará con sus compañeros de armas: hijos de la luz, los unos y los otros, contra hijos de las tinieblas"[114].

El hombre caído, atrapado en la materia, está sometido a la acción malvada de los espíritus prevaricadores con los cuales comparte residencia temporal. Es en este caos de confusión donde libra su batalla espiritual y donde la luz de Cristo vino a traer la Víctoria que conduce a su gloria primigenia a aquellos que la reciben. **El Caballero de Cristo viene a este mundo, pero no es de este mundo**[115]. Es uno de *"los Elegidos que ha sido ordenado para comunicar, sin tener en cuenta ninguna distinción material, el conocimiento de los dones espirituales para el mayor beneficio del hombre en la tierra"*[116], ejerciendo así su condición de Agente de misericordia y de Mediador divino, pues *"Él [el Eterno] unió los cielos a la tierra, sembrando en el alma de sus elegidos la semilla del espíritu de la verdad. Unió la tierra a los cielos, haciendo fructificar en el alma de esos mismos elegidos ese germen divino"*[117]. Es en estos Elegidos donde todo Hombre de Deseo debería reconocer un signo y un testimonio fiel en que apoyarse:

> "Existen todavía —nos dice Saint-Martin— entre los ministros de nuestro Dios, hombres que siguen el rastro de los verdaderos profetas, la santa caridad de nuestro maestro [Jesús Cristo] y las luces de sus discípulos. Uníos a estos hombres escogidos y lo bastante venturosos

---

[114] Robert Amadou en su introducción al *Traité sur la Réintégration des Êtres*, Ed. Diffusion Rosicrucienne, 2ª edición 2.002, Château d'Omonville, Le Tremblay, Francia, pág. 47-48.

[115] "Yo les he dado tu Palabra, y el mundo los ha odiado, porque no son del mundo, como yo no soy del mundo. No te pido que los retires del mundo, sino que los guardes del Maligno. No son del mundo, como yo no soy del mundo" (Juan 17:14-16).

[116] Ritual Martinista. OM&S.

[117] El Hombre de Deseo, Saint-Martin, § 16.

por haber respondido fielmente a su elección; ellos os llevarán por los humildes senderos del Ecce Homo al término de vuestra regeneración, que es el de vuestro destino primitivo. Lejos de conduciros por las vías del despotismo y la tiranía, os dirán que todos nosotros tenemos un cordero por maestro, y que solo será cuando nos hayamos hecho corderos como él que nos reconocerá por sus discípulos y por sus hermanos"[118].

A parte de servir para transmitir al Iniciado su cualidad caballeresca, la Espada Martinista le recuerda siempre su fidelidad a estos principios, convirtiéndole en un firme defensor de la Verdad (manifestada por el Verbo), obligándole a participar por tanto *"en un combate permanente"*[119] fortalecido en la Fe, la Esperanza y la Caridad, siendo la virtud, el amor a Dios y el amor al prójimo los signos de su identidad que siempre trasladará con la persuasión y la fuerza de su ejemplo. Y *"¿Quién regresará Victorioso del combate? Aquél que diera poco valor a la aflicción de ser barrido de la memoria de los hombres y se entregue enteramente a la preocupación de no ser apagado en la memoria de Dios"*[120]. Este es el verdadero portador de la Máscara Martinista, obligado al sacrificio de su individualidad en beneficio de la colectividad cuando ello sea necesario, permaneciendo siempre anónimo como un desconocido SERVIDOR de IESHUAH, buscando en todo momento que la acción de Dios y la del hombre sean indistinguibles: *"Es así que nuestro deseo forma con el deseo divino un sólo deseo, o ansia por la manifestación de la verdad y de sus reglas en el mundo"*[121], pues actúa el hombre completo (hombre-Espíritu), del que es componente el Espíritu de Dios.

De esta forma,

---

[118] Ecce Homo, Louis-Claude de Saint-Martin, § IX.

[119] "¿Por qué el Iniciado Martinista porta una Espada?: Para que recuerde que, al entrar en la Orden, acepta participar en un combate permanente y que, por tanto, debe despreciar la cobardía y conservar su valor". Rituales rusos de Alexis Borosowitz Galitzine. Catecismo de 3º Grado (SI).

[120] El Hombre de Deseo, Saint-Martin, § 86.

[121] El Hombre: Su Verdadera Naturaleza y Ministerio. La Naturaleza. L.C. de Saint-Martin.

"debe ver que se levanta en él el Nuevo Hombre o el edificio de los elegidos. Ni siquiera supone —nos dice Saint-Martin— que este edificio de los elegidos nos transforma en un verdadero cielo en el que habitan a la vez todos los espíritus del Señor, todos los poderes del Señor, todos los dones del Señor, todas las virtudes del Señor, de tal modo que nos convertimos en una especie de ciudadela, de fortaleza siempre armada, siempre a la defensiva, siempre preparada para vigilar por la seguridad de los habitantes y para procurarles todas las ayudas, todos los beneficios que nuestro estado de guerra nos permite esperar en este bajo mundo"[122]. "No te concedas descanso mientras no se haya reconstruido en ti esta ciudad santa, tal como debería haber permanecido siempre si el crimen no la hubiese derribado…"[123]

Esta Ciudad Santa, edificio de los Elegidos, ha sido conocida por muchos nombres alegóricos: *"Tierra Bendita"*, *"Tierra Pura"*, *"Tierra Santa"*, *"Tierra de los Santos"*, *"Tierra de Inmortalidad"*, *"Tierra de los Vivos"*, *"Centro del Mundo"*, *"Corazón del Mundo"*, *"Monte Santo"*, *"Templo Eterno"* y expresiones equivalentes que se encuentran en todas las Tradiciones, siendo todas ellas imagen de un estado del ser donde se accede a la Luz de la Tradición que permanece oculta cuando las condiciones no son adecuadas para su manifestación. Aquí está el libro sellado con siete sellos (Ap. 5:1), el que tiene la llave de David, que cierra y nadie abre los Arcanos del Padre, que sólo el Hijo conoce y a quien el Hijo quiere revelar (Ap. 3:7). Este estado del ser representa al Templo Eterno sobre el que Dios ha hecho descender sus bendiciones para el hombre, es decir, las ayudas necesarias para que pueda emprender el camino de retorno. Los lugares sagrados simbolizan estados espirituales, estados del ser, y las Tierras sagradas están formadas por aquellos que han alcanzado dicho nivel del ser, existiendo distintos niveles de Tierra Santa, como existen diversos niveles del ser (*"En la casa de mi Padre hay muchas mansiones"*, Jn 14:2). De nuevo es el hombre, la comunidad de hombres, la que constituye el verdadero Templo.

---

[122] *El Hombre Nuevo*, Louis-Claude de Saint-Martin, § 22.

[123] Idem, § 71.

Pertenecer a esta Caballería espiritual implica participar permanentemente en un movimiento eterno hacia el Ser, hasta que llegado el momento oportuno el aspirante pueda convertirse en Caballero, en testigo del Único que puede llamarse Señor. Es entonces que se establece un verdadero pacto entre el Caballero y su Señor, tal como nos lo describe San Juan en su Evangelio:

> "… sabiendo Jesús que había llegado su hora de pasar de este mundo al Padre, habiendo amado a los suyos…" (13:1), "… sabiendo que el Padre le había puesto todo en sus manos y que había salido de Dios y a Dios volvía…" (13:3), dirigió estas palabras a sus discípulos: "No os llamo ya siervos, porque el siervo no sabe lo que hace su amo; a vosotros os he llamado amigos, porque todo lo que he oído a mi Padre os lo he dado a conocer. No me habéis elegido vosotros a mí, sino que yo os he elegido a vosotros, y os he destinado a que vayáis y deis fruto, y un fruto que permanezca" (15:15-16).

He aquí que el Señor eleva a su siervo a su mismo nivel y lo convierte en amigo, y este Caballero amigo queda obligado hacia su Señor a quien a partir de ese momento representa. Los Caballeros espirituales serán llamados también por ello los *Amigos de Dios*, por los cuales se mantiene permanentemente en contacto a la humanidad terrestre con el mundo superior invisible. Estos forman, generación tras generación, el linaje de la gnosis nunca interrumpida, pero ignorada por la multitud. Para llegar a ellos es preciso pasar por un segundo nacimiento: *"el que no nazca de lo alto no puede ver el Reino de Dios"* (Jn 3:3), de hecho, es un perpetuo renacimiento. Se penetra en ese mundo despojándose de todas las ataduras y ambiciones del mundo profano, y los vínculos de fraternidad que unen a sus miembros hacen de ellos una cofradía que solo reconoce cualificaciones espirituales. Se produce así la cadena ininterrumpida de los que han estado, están y estarán en el Camino de retorno a Dios, permanentes compañeros en la hiero-historia y representantes de la Caballería espiritual mientras permanezcan sobre la Tierra. Todo Martinista aspira a ser un eslabón estable de esta cadena, a la que se une a través del Cordón que lo mantiene *aislado de las fuerzas del mal*:

"Recuerda que este cordón, símbolo del círculo mágico de nuestra cadena tradicional, te liga a tu Iniciador tal como él ha sido ligado a la luz, de donde procede toda Iniciación e Iluminación"[124].

Estos Caballeros son las piedras vivas del Templo Eterno donde reside el verdadero Santuario de la Iglesia de Cristo, de esa Iglesia del Espíritu de la que Karl von Eckarthausen (1.752-1.803) nos dice en su obra *La nube sobre el Santuario*:

"... una escuela más elevada ha existido siempre a la que ha sido confiado el depósito de toda ciencia, y esta escuela era la comunidad interior y luminosa del Señor, la sociedad de los elegidos que se ha propagado sin interrupción desde el primer día de la creación hasta el tiempo presente; sus miembros, es cierto, están dispersos por todo el mundo, pero han estado siempre unidos por un Espíritu y una Verdad... Esta comunidad de la Luz ha sido llamada en todos los tiempos la Iglesia invisible e interior o la comunidad más antigua..."

(Primera Carta).

"Esta comunidad de la luz existe **desde el primer día de la creación** del mundo y durará hasta el último día de los tiempos (...) Es así que, en todo tiempo, ha habido una asamblea interior, la sociedad de los elegidos, la sociedad de aquellos que tenían más capacidad para la luz y que la buscaban; y esta sociedad interior era llamada el santuario interior o la Iglesia interior (...) que en todo tiempo se ocupó en construir el gran templo de la regeneración de la Humanidad, por el cual el reino de Dios será manifestado.

Estos elegidos están ligados por el espíritu y la verdad, y su jefe es la luz del mundo mismo, Jesucristo, el ungido de la luz, el mediador único de la especie humana, el camino, la verdad y la vida, la luz primitiva, la sabiduría, el único médium por el cual los hombres pueden volver a Dios.

La Iglesia interior nació inmediatamente después de la caída del hombre y enseguida recibió de Dios la revelación de los medios por los cuales la especie humana caída será elevada de nuevo a su dignidad y liberada de su miseria. Recibió el depósito primitivo de todas las revelaciones y misterios; recibió la llave de la verdadera ciencia, tanto de la divina como de la natural (...).

---

[124] Iniciación Martinista. OM&S.

Cuando se hizo necesario que las verdades interiores fueran envueltas en las ceremonias exteriores y simbólicas, a causa de la debilidad de los hombres que no eran capaces de soportar la vista de la luz, el culto exterior nació; pero siempre era el tipo y el símbolo del interior, o sea, del símbolo del verdadero homenaje rendido a Dios en espíritu y en verdad. (...) Las verdades interiores y espirituales pasaron al exterior envueltas en símbolos y en ceremonias para que el hombre animal o de los sentidos se fijara y pudiera ser conducido poco a poco a las verdades interiores. (...)

Aquél que está maduro se une a la cadena; acaso muchas veces allí donde menos lo creía, y a menudo donde él mismo no se entera. Buscar la madurez debe constituir el esfuerzo de aquél que ama la sabiduría".

(Segunda Carta).

Recapitulemos ahora, a partir de un trabajo de Jean-François Var[125], el espíritu y la naturaleza de la Orden Caballeresca cristiana del Eterno:

"La Orden caballeresca funciona (...) por identificación con el Verbo Encarnado en tanto que Cordero que da su Vida por la vida de otro. Cordero, en primer lugar, sacrificado, luego triunfante. Como Él, el caballero desciende en el mundo, no al mundo de los orígenes sino al de la caída, mundo que ya no es cosmos sino caos y desorden. El caballero combate este mundo, lo que es del orden de la justicia, para socorrer a los pequeños, a los débiles y los humildes, lo que es del orden de la compasión y la misericordia.

El caballero defiende los «santos lugares», los cuales son, en realidad, los hombres creados a imagen de Dios que estos lugares santos designan figurativamente. Se esfuerza en protegerlos, por su cuenta y riesgo, del contagio del «misterio de la iniquidad», de los asaltos de «la abominación de la desolación» que trata de establecer su residencia en este lugar santo que es el hombre.

Tal es, bajo todos estos aspectos, la «guerra santa» que el caballero lleva.

La caballería se modela pues en el comportamiento divino, ella es Imitatio Christi. ¿No es acaso el Cristo presentado por los textos *medievales como el más perfecto de los caballeros, el caballero por excelencia?*

[125] La noción de Orden en el Régimen Escocés Rectificado, Jean-François Var, 29 de enero del 2000 *en la festividad de San Francisco de Sales.* Revisado el 29 de agosto de 2008 e*n la festividad de la decapitación de San Juan Bautista el Precursor.*

Es por lo que el estado de caballero es una cualidad personal, lo que es una cualidad que cumple y perfecciona la persona –lo que ésta no puede realizar si no es modelándose en Cristo. El caballero actúa en persona y en unión con la Persona de Cristo. Lo hace por la justicia en la misericordia, o, mejor dicho, para y por una justicia misericordiosa".

Estos ideales inspiran el ritual y la doctrina Martinista y hacen del Iniciado un Caballero de Cristo, un *Servidor Incógnito*, un emisario del Eterno que ha venido a este mundo con el único propósito de ver cumplida la reintegración en Dios de toda la humanidad.

Se recoge también en el Martinismo una afinidad iniciática y cierta filiación espiritual con aquellas Órdenes Caballerescas Tradicionales que han transmitido el ideal de justicia y caridad cristiana a lo largo de los tiempos. Particularmente, en el Martinismo dicho ruso, podemos encontrar en el catecismo[126] del tercer grado (S.I.) lo siguiente:

P: ¿Pretendéis que la iniciación Martinista transmite el sacramento de la Caballería?

R: Indiscutiblemente, porque quienes transmitieron su modo de transmisión eran todos detentores de esta calidad, pertenecían todos a una Orden Caballeresca y conservaron como forma de transmisión iniciática la acolada tradicional por el toque de la Espada…

…/…

P: Si nuestra Orden transmite el sacramento de la caballería, ¿cuál es la fuente?

R: Deriva de la Orden Teutónica a través de la Estricta Observancia Templaria y de la Orden de los Caballeros de la Ciudad Santa; de la Orden Templaria a través de la Orden de los Porta-Espadas y de la Orden de San Andrés de Rusia; deriva también de la Orden de San Andrés del Cardo de Escocia, hija de la Orden Templaria y que fue la fuente caballeresca de la Orden de los Élus Cohen fundada por Martinez de Pasqually.

Es posible que estas Órdenes caballerescas hayan recibido, igualmente, en mayor o menor medida, algún destello de esa Alta y Santa

---

[126] *Rituales rusos* de Alexis Borosowitz Galitzine.

Orden que a lo largo de los tiempos vela por restaurar al hombre caído y con él a todo el universo.

Pero más allá del devenir de la historia y de los hombres, el espíritu del Caballero Cristiano siempre permanecerá activo *"a fin de que todas las naciones sepan que la misericordia y el amor son nuestro principio original y deben ser nuestros elementos continuos"*[127] al servicio del Eterno, hasta que la Rosa se desprenda de la Cruz y el Hombre recobre así su gloria eterna. En ese instante, nos dice Saint-Martin,

> "...oirás continuamente la santa voz de tus obras y la voz de las obras de todos los justos. Todas las regiones regeneradas en la palabra y en la luz elevarán, como tú, la voz a los cielos; ya no existirá más que un sonido, que se hará oír para siempre; y ese sonido es: ¡El Eterno, el Eterno, el Eterno, el Eterno, el Eterno, el Eterno, el Eterno!"[128]

[127] El Hombre de Deseo, Saint-Martin, § 41.
[128] Idem. § 300.

IESHUAH - GRAN ARQUITECTO DEL UNIVERSO

por Christian Rebise[129]

Papus tuvo cuidado de poner como expresión principal en el membrete de los documentos de la Orden Martinista: *A la Gloria de Ieshuah, Gran Arquitecto del Universo.* Con esto le dio una inflexión particular al Martinismo. Es al propio Saint-Martin que la Orden debe, no sólo su sello, sino también el nombre místico de Cristo (יהשוה) que adorna todos los documentos oficiales del Martinismo, según Papus. Sin embargo, Louis-Claude de Saint-Martin nunca usa esta expresión en sus obras. Partiendo de este hecho, es interesante intentar analizar brevemente la fórmula utilizada por Papus, tratando de considerar los diferentes aspectos que evoca en la Tradición y, más especialmente, en el Martinismo.

---

[129] Artículo publicado por *Sociedade das Ciências Antigas.* Para complementar el desarrollo de este artículo hemos añadido notas a pie de página en relación a contenidos del *Tratado de la Reintegración de los seres* de Martínez de Pasqually al que se hace referencia. La edición del Tratado citado es la de la Colección Martinista de Ediciones Rosacruces S.L., Barcelona 2022.

La Cábala cristiana

Según la tradición judía, el nombre de Dios Todopoderoso se escribe con cuatro letras o tetragrámaton, compuesto por las letras *Yod, He, Vav, He*. En el siglo XV nació en Italia una corriente cabalística particular, la Cábala Cristiana. Los cristianos vieron en la Cábala un instrumento adecuado para demostrar la veracidad del cristianismo. Para ellos, el nombre de Dios, antes del cristianismo, se presentaba como un Tetragrama porque Dios aún no se había manifestado plenamente a los hombres. Consideraron que, con Jesucristo, Dios se reveló verdaderamente, y probaron esta demostración basándose en el nombre hebreo de Jesús, *Ieshuah*, que escribieron agregando la letra *Shin* en el centro del Tetragrama.

En el siglo XV, Pico de la Mirandola promovió esta teoría, que fue popularizada por el libro de Johann Reuchlin, "*De Verbo Mirifico*". Papus, apasionado por la Cábala, introdujo en el Martinismo del siglo XX la costumbre de llamar a Cristo por el nombre de Ieshuah. ¿Estaba al tanto de las teorías que el Renacimiento había asociado con ese nombre? No hay certeza sobre esto, ya que su libro, "*La Cábala, Tradición Secreta de Occidente*", no muestra interés por este aspecto de la Cábala.

El Gran Arquitecto

Philibert Delorme, hablando de Dios en su tratado de arquitectura, utilizó en 1567 la siguiente expresión: *ese gran arquitecto del Universo, Dios Todopoderoso*. Parece haber sido el primero en utilizar el concepto del Gran Arquitecto del Universo. Esta idea de un Dios que ordenó el Universo probablemente proviene de los cabalistas cristianos como François Georges de Venise (cf. *De Harmonia Mundi*), aunque esta noción no está ausente de los Evangelios. Otros después de Philibert Delorme adoptaron esta teoría, en particular Kepler en su *Nueva Astronomía*. En el siglo XVIII, esta expresión fue adoptada por la Franc-Masonería convirtiéndola en un punto clave de su simbolismo. El Martinismo nació bajo la influencia masónica del siglo XVIII, parece entonces normal encontrar en ella la referencia al Gran Arquitecto del Universo. Sin embargo, esta expresión adquiere en el Martinismo un matiz particular que merece ser subrayado.

Contrariamente a ciertas tradiciones que asocian el *Gran Arquitecto del Universo* con Dios, en el Martinismo, y más particularmente en Martínez de Pasqually y sus discípulos, es a Cristo a quien se refiere esta denominación. La expresión *Gran Arquitecto del Universo* no aparece en el famoso *Tratado* de Martínez, pero se encuentra en rituales y "catecismos" de la Orden de los Élus Cohen. Cabe señalar que, para el autor del *"Tratado de la Reintegración de los Seres"*, Cristo no es Dios en el sentido específico que le atribuye la teología cristiana. En efecto, Martínez de Pasqually tenía una concepción particular de la naturaleza de Cristo.

Angelos-Christos

Martínez califica a Cristo como un Espíritu doblemente fuerte[130] y lo clasifica en una de las cuatro categorías de los primeros seres emanados, el de los espíritus octonarios. Leyendo a Martínez, podemos preguntarnos si Cristo no constituye él sólo la categoría que llama espíritus octonarios. Esta presentación que hace de Cristo una especie de ángel superior no es una innovación. Tiene su origen en el cristianismo primitivo. En efecto, si estudiamos la historia del cristianismo y, más particularmente, en lo que se refiere a la cristología, pronto

---

[130] "El Creador no situó en esta inmensidad supraceleste una clase particular de espíritus octonarios, así que estaban anteriormente en la inmensidad divina; pero esta misma clase no se encuentra ya en la inmensidad divina, y ello porque tras la prevaricación de los primeros espíritus, el Creador, aplicó la ley sobre toda su criatura espiritual, emancipó su acción del doble poder para ir a operar su justicia y su gloria en las tres diferentes inmensidades sin distinción. De ahí viene que se te haya enseñado que el espíritu doblemente fuerte está en ti cuando lo mereces, y se te aleja cuando te haces indigno de su acción doblemente poderosa." - Tratado de la Reintegración § 246 - Gran discurso de Moisés (continuación): Del espíritu doblemente fuerte (Nota del Traductor).

encontramos que los primeros cristianos no veían en Cristo el Dios mismo encarnándose en el mundo. Por otro lado, se puede ver que el concepto de Ángel-Mesías, de un *Angelos-Christos*, dominó el pensamiento cristiano hasta la segunda mitad del siglo II. En la literatura cristiana de los primeros siglos, a Cristo se le llamaba a veces ángel y los Padres de la Iglesia le dieron el título de *Ángel del Gran Consejo*, un concepto tomado de Isaías. Debe enfatizarse que las diferencias de opinión entre los primeros cristianos en cuanto a la naturaleza de Cristo fueron importantes y dieron lugar a numerosas controversias. Fue en el siglo IV, con el Concilio de Nicea, donde se impuso el dogma de la divinidad de Cristo a todos los cristianos.

Los nombres de Cristo

Para designar a Cristo, Martínez utilizaba varios nombres, cada uno de los cuales subrayaba un aspecto del misterio divino. A veces lo llama *El Mesías*[131], un nombre que Ronsard había usado unos siglos antes. A veces, como Bossuet, Pascal o Corneille, lo llama El Reparador. Usa también el término Sabiduría[132] para designar al Cristo. Esas diversas expresiones son igualmente utilizadas por los discípulos de Martínez, ya se trate de Louis-Claude de Saint-Martin, de Jean Baptiste Willermoz o de otros.

---

[131] Según Robert Amadou: "*Máchiah, el ungido, transcrito como Mesías y traducido por Christos en griego, se repite unas cuarenta veces en el Antiguo Testamento. Se aplica a personajes consagrados para una función santa, reyes, sacerdotes o profetas. Cristo es el Reconciliador universal, el Reparador universal. Cristo o el Mesías no se limita a la persona de Jesús, que es la única que lo abarca, y ha estado siempre con los hijos de los hombres.*" – Introducción al Tratado de la Reintegración. (Nota del Traductor).

[132] El Reparador, Mediador universal, Cristo o Mesías, Sabiduría, la Cosa. Y Robert Amadou dice: "*La cosa es el espíritu santo (las mayúsculas no encajarían en el pensamiento y el sentimiento de Martines); el espíritu santo de Hely es el espíritu santo de Cristo, ya que Hely, profeta, ángel y Dios, es Cristo. Cristo, Ángel del Gran Consejo, de nombre supereminente y tácito como por necesidad, actúa por el espíritu santo bajo el nombre misterioso de Hely (o Rhely). Y es la Sabiduría o la sabiduría, la cosa que sentimos la tentación de escribir como Cosa.*" - Introducción al Tratado de la Reintegración. (Nota del Traductor).

El nombre más enigmático que usa para designar al Cristo es el de Hely[133]. Según Martínez, este nombre significa *fuerza de Dios y receptáculo de la Divinidad*. Lo que Martínez pretende enfatizar aquí es que el Cristo no es tan sólo un personaje nacido hace más de dos mil años, sino que Él es ante todo el Elegido Universal, esto es, un ser que fue escogido para cumplir diversas misiones. Para él, ese Elegido Universal se encarnó[134] en varios momentos de la historia para guiar a la humanidad. Esta manera de considerar al Cristo como un profeta, un enviado de Dios, era corriente en el cristianismo judaico. Se encuentra también, por ejemplo, en las Homilías Clementinas, que hablan del Cristo como *Verus Propheta*, un enviado que vino varias veces desde Adán hasta Jesús, pasando por Moisés, para guiar a la humanidad.

El mesías recurrente

Según Martínez de Pasqually, Hely, o sea, el Cristo, se manifestó a través de los profetas, de los guías de la humanidad, de aquellos que son llamados los Elegidos. Dentro de ellos, Martínez indica: Abel, Enoc, Noé,

---

[133] Según Robert Amadou: *"Hely es el Cristo, inseparable del espíritu, un ser pensante, el nuevo Adán. Hely es el Cristo siempre presente, por su espíritu y por su virtud, en los profetas. Estos profetas son el Profeta que vuelve, el Mesías siempre presente entre los hombres bajo diferentes nombres. Para Martines, repitámoslo, Hely es el Verbo y el Espíritu, la Sabiduría que caminaba delante del Eterno en la creación, el Verus Propheta, el jefe de los ángeles. La permanencia divina no excluye la progresión profética. Hely es primordial, el más fuerte. Cristo es el último, el que organiza y cierra todo. Martines pasa sin problemas de Hely, el espíritu santo, a Cristo, el Mesías. Tanto el uno como el otro, cuando se distingue, animan la cadena de los profetas en la que están ellos, en la que está él, con nombres propios y respectivos, en los dos extremos. Todos los profetas son figuras de Cristo y soportes de Hely que nosotros llamamos Cristo, eminentemente."* - Introducción al Tratado de la Reintegración. (Nota del Traductor).

[134] Más correcto sería decir que operó a través de diversos personajes llamados por Martínez de Pasqually Menores Elegidos, siendo, como dice Robert Amadou en la cita anterior a pie de página, *"Cristo el último, el que organiza y cierra todo"*. *"Estos menores patriarcas habían recibido de Cristo, a estos efectos, el carácter doblemente fuerte de su operación, por el que estaban prevenidos de todo lo que el Cristo hacía y debía hacer en el futuro, no solamente en su favor, sino incluso a favor de los menores que estaban en una privación divina más considerable que la suya."* - Tratado de la Reintegración § 37. (Nota del Traductor).

Melquisedek, José, Moisés, David, Salomón, Zorobabel y Jesucristo, todos canales de manifestación de Hely. No obstante, considera que fue a través de Jesucristo que Hely se manifestó en su mayor gloria[135].

Este aspecto particular de las enseñanzas de Martínez está relativamente en consonancia con la de los cristianos judaicos, los primeros cristianos. En esa época, la naturaleza del Cristo aún no había sido objeto de dogma. Algunos lo consideraban como un ángel, otros como un profeta y otros como el Mesías. De hecho, los primeros cristianos estaban más preocupados con el mensaje del Cristo que con el hecho de construir teorías intelectuales sobre los misterios de la naturaleza de Dios. El Cristo era entonces considerado como un enviado del Padre, pero generalmente no era comparado a Dios. Una vez más, es a las concepciones del cristianismo primitivo que Martínez se liga. La idea por él adoptada del Cristo como un enviado que vino [se manifestó] varias veces y con diferentes nombres, para guiar a la humanidad errante, es particularmente interesante. Si fuese extendida al conjunto de las religiones podría decirse que fue el mismo Dios quien se manifestó en los guías que están en el origen de todas las religiones y que, así, bajo aspectos aparentemente diferentes, es una misma luz la que brilla.

El ordenador del Caos

Según Martines de Pasqually, la primera intervención del Cristo en la historia se remonta al mismo origen del mundo, en el momento en que la creación aún estaba en estado de Caos. Como indica el Tratado, el

---

135 *"Pero no sólo es en el advenimiento de Enoc, cuyo modelo he comenzado a explicar, que encontramos pruebas de la presencia de Cristo entre los hijos de Dios. Abel, que representó el modelo de los menores encargados de manifestar la justicia divina, también lo fue del modelo del Mesías. Podemos reconocer esta verdad por las operaciones de todos los menores elegidos que han ejercido sus poderes y virtudes espirituales entre los hombres de los tiempos pasados y las operan todavía entre los hombres de hoy. Estos menores elegidos desde Abel y Enoc son Noé, Melquisedec, José, Moisés, David, Salomón, Zorobabel y el Mesías. Todos estos sujetos propuestos para la manifestación de la gloria divina forman el número completo denario espiritual divino…"* - Tratado de la Reintegración § 89 - Los diez modelos del Mesías. (Nota del Traductor).

mundo material fue creado por los espíritus ternarios, actuando bajo las órdenes de Dios. De su trabajo nació un mundo todavía en estado de Caos. La primera misión de Hely consistió en poner en orden ese Caos inicial[136]. Fue el descenso del Cristo al propio seno de ese Caos el que organizó la Creación y dio nacimiento al mundo material. En este sentido, puede decirse que el Cristo fue el Arquitecto de la Creación, el Verbo organizador. Era de ese modo que Martínez de Pasqually, así como Louis-Claude de Saint-Martin y Jean Baptiste Willermoz, veían la función esencial del Cristo como Gran Arquitecto del Universo.

El Instructor

En su *Tratado de la Reintegración de los Seres*, Martínez nos indica que Adán, después de la caída, tomó conciencia de su error e imploró el perdón divino[137]. Dada su sinceridad, Dios envió a Hely para "reconciliarlo". Estando Adán encarnado en el mundo de la materia, debía recibir una enseñanza sobre la manera de llevar de ahí en adelante una vida en consonancia con su misión. Su posición en el mundo material le impedía usar las facultades espirituales de que fuera otrora dotado. Hely fue entonces encargado de transmitir a los hombres una nueva enseñanza. Seth[138], el tercer hijo de Adán, fue escogido para recibir

---

[136] "*El advenimiento de Moisés a la tierra de Egipto, donde toda especie de naciones vivían en la confusión y las tinieblas, representa la llegada del espíritu divino al caos, donde prescribió leyes, acciones y órdenes espirituales convenientes a todas las cosas que contenía.*" (...) "*...lo que representa este ordenamiento del caos, ustedes ya saben que no es otra cosa que las leyes de orden y acción que fueron dadas a todas las cosas contenidas en la masa caótica.*" - Tratado de la Reintegración § 186 y 187. (Nota del Traductor).

[137] "*No podemos imaginarnos qué penas sentía Adán, cuando después de haber sido completamente libre y sin límites, por su naturaleza de ser espiritual pensante, se encontró de pronto en una prisión de materia y sometido al tiempo.*" (...) "*Fue tras ese terrible suceso, que Adán tuvo mayor conciencia de la atrocidad de su crimen. De inmediato acudió a suplicar por su falta y pedir perdón al Creador por su ofensa.*" - Tratado de la Reintegración § 127 y 25. (Nota del Traductor).

[138] "*...explicación del nombre de Set: En verdad te digo que este nombre significa ser admitido al verdadero culto divino, o ejecutor perfecto de la manifestación de la gloria y justicia divinas. Por ello la descendencia de Set fue nombrada como la de hijos de Dios y no hijos de los hombres.*" - Tratado de la Reintegración § 266. (Nota del Traductor).

esos conocimientos secretos que, después de él, fueron transmitidos de generación en generación a los Hombres de Deseo.

El Reparador

Numerosos Élus (Elegidos) guiaron a la humanidad desde Adán hasta nuestros días, cada cual trayendo un mensaje y una enseñanza apropiados para el progreso de la humanidad. Mientras tanto, según la Tradición Martinista, el hombre sólo puede tener acceso a cierto grado de evolución espiritual a partir de la venida del Cristo. En efecto, la misión del Cristo fue, no la de salvar a los hombres, sino abrir el canal cósmico que permitiría a la humanidad traspasar ciertas esferas espirituales hasta entonces inaccesibles. Si el Cristo abrió el camino, cabe al ser humano recorrer esa senda. El Cristo no salvó a la humanidad haciendo el trabajo en su lugar, sino abriéndole un camino y mostrándole como recorrerlo.

Para abrir ese camino, la misión del Cristo con su encarnación fue la de un Reparador. Él efectivamente hizo un trabajo de reparación de la Creación. Y operó esa recolocación para la purificación de la Creación. Y operó ese reordenamiento del orden en dos niveles de la creación universal: en el mundo terrestre y en la inmensidad celeste. Tocante al plano terrestre, regeneró las tres bases constitutivas del mundo material: el azufre, la sal y el mercurio, lavándolos de sus escorias. En el mundo celeste, regeneró los siete pilares del Templo universal. Esos pilares son los siete planetas del mundo celeste por medio de los cuales fluyen en el mundo temporal las virtudes divinas. Esa regeneración de las siete fuentes de la vida fue realizada en Pentecostés, esto es, siete semanas, o sea, cuarenta y nueve días después de la Pascua. Entonces, nos dice Saint-Martin, *se abrió una quincuagésima puerta, a través de la cual todos los esclavos esperaban su liberación, y se abrirá de nuevo en el fin de los tiempos*.

El Reconciliador

Después de haber evocado la función "reparadora" del Cristo, veamos lo que caracteriza su función de Reconciliador. La reconciliación es la etapa preliminar que cada ser humano debe atravesar individualmente en su evolución hacia la reintegración, que será la etapa final de la evolución colectiva de la humanidad. Según Saint-Martin, en ese proceso de regeneración el hombre vive una experiencia interior importante, en la cual reencuentra al Cristo[139]. El Cristo es en realidad el intermediario cósmico indispensable en ese proceso de regeneración. Es por esta razón que la Tradición Martinista habla de Él como el Reconciliador.

Saint-Martin expresó esa idea de manera velada en muchas de sus obras. Por ejemplo, en *"De los Errores y de la Verdad"*, cuando afirma que la octava página del Libro del Hombre *"trata del número temporal de aquél que es el único apoyo, la única fuerza y la única esperanza del hombre"*.

La imitación de Cristo

Con su misión, Cristo no sólo cumplió una purificación, sino que abrió una senda. Mostró también al hombre el camino a seguir para tener acceso a la regeneración mística. Con su encarnación, quiso diseñar para el hombre su propia situación, trazarle toda la historia de su ser y el camino de retorno a lo Divino. Para Saint-Martin, el proceso de la regeneración mística pasa por una imitación interior de la vida del Cristo. En su libro *"El Hombre Nuevo"* expone las etapas de ese proceso desde la Anunciación hasta la Resurrección, esto es, desde la visita del ángel, el amigo fiel que nos revela el nacimiento próximo de un *Hombre nuevo* en nosotros, hasta la reconquista de nuestro cuerpo glorioso, que marca el comienzo de nuestra ascensión a las esferas superiores en donde nuestra regeneración debe encontrar su coronación.

---

[139] Robert Amadou dice: *"Adán es el primer hombre y nosotros lo somos también, al mismo tiempo que el último. El antiguo Adán se renueva en Cristo, segundo Adán. El hombre de un deseo asumido (traduciremos siguiendo la tendencia de Martines) se entrega de nuevo a la santa Sofía, Jesús nuestra Madre, que es Cristo, y, poseyendo así la cosa, poseído por ella, el hombre, o el hombre-Dios, imita con relativa perfección al hombre-Dios absolutamente perfecto, o al hombre-Dios y divino."* - Introducción al Tratado de la Reintegración. (Nota del Traductor).

Los diversos eventos de la vida del Cristo son arquetipos que simbolizan las diversas etapas espirituales que podemos vivir interiormente incorporándonos al cuerpo místico de Cristo. Según el Filósofo Desconocido, el término de esa regeneración llevará al ser humano más allá del Cristo, pues es llamado a una misión mayor que la del propio Cristo.

EL MARTINISTA COMO FILÓSOFO O AGENTE DE LA UNIDAD

"Un solo Cuerpo y un solo Espíritu,
como una es la esperanza a que habéis sido llamados.
Un solo Señor, una sola fe, un solo bautismo,
un solo Dios y Padre de todos, por todos y en todos"
(Ef 4:4-6)

"Y en esto consiste el amor:
en que vivamos conforme a sus mandamientos.
Este es el mandamiento,
como lo habéis oído desde el comienzo:
que viváis en el amor"
(2ª Jn 1:6)

Durante el proceso de Iniciación Martinista, el Hombre de Deseo llega a ser investido con el título de **"Filósofo o Agente de la Unidad"**, siendo su función buscar el trasfondo unificador que conecta a todos los seres humanos cuando la vida se despliega impulsada por un verdadero anhelo de unión con lo divino, anhelo que solo puede despertar desde la naturaleza espiritual primigenia que opera en sí misma para reconocerse en su unidad con Dios, fuente de toda virtud y de toda vida.

Para entender correctamente cómo reconocer esta unidad en la multiplicidad de creencias y patrones heredados, sin caer por ello en un relativismo absurdo y engañoso, o en una idolatría sin sentido, debemos separar lo esencial de lo accidental, lo trascendente de lo inmanente, el fondo de la forma, pues siendo que todos participamos de una misma esencia espiritual, nos realizamos según las circunstancias en las que nos ha tocado vivir, comenzando por nuestra herencia genética, la cultura y la tradición en la que hemos sido educados, el entorno socioeconómico que nos ha condicionado y el estado de despertar espiritual desde el que configuramos el sentido de nuestra existencia.

Vemos cómo el hombre, a lo largo de la historia, ha restringido la unidad primigenia según modelos más o menos utópicos propuestos para ser asumidos por igual por toda la comunidad. La base de la felicidad colectiva estaría en función de la fidelidad a estos modelos y patrones. Pero el intento de imponerlos sin la debida comprensión, muy a menudo trae como consecuencia el efecto contrario, esto es, la opresión y la humillación de aquellos que no desean seguirlos o que difieren en su comprensión de los mismos.

Los Martinistas también tenemos un modelo, tenemos una doctrina que nos ha legado la Tradición y que tiene relación con un culto cuyo único propósito es religar a la creatura con su Creador, a través de **Ieshuah, el Reparador Universal**. Pero lejos de imponer formas o fórmulas a nadie, entendemos que

> "el culto —como muy bien explica Saint-Martin— es la ley por la cual un Ser, al buscar apropiarse de las cosas que necesita, se acerca a Seres hacia los cuales su analogía le llama en cada instante, y huye de los que le son contrarios. Así, la fe de un culto está fundada en una verdad primera y evidente, es decir, en la ley que resulta esencialmente del estado de los Seres y de sus respectivas relaciones" (CN, IX)[140],

y esta ley es igual para todos los seres.

---

[140] Obras citadas de Saint-Martin: CN – Cuadro Natural; HN – El Hombre Nuevo; HD – El Hombre de Deseo.

Es evidente que la formalización externa a través de la cual el ser humano representa este culto para su comprensión y transmisión, según sus necesidades y circunstancias sociales y culturales actuales y heredadas, provoca una diver-sidad de apariencias, admitiendo

> "una multiplicidad innombrable de diferentes cultos, ya que, en general, estando el hombre expuesto a necesidades tan diferentes, tan variadas, tanto por su Ser intelectual como por su Ser corporal, querer prescribir una ley uniforme para esas diferentes especies de necesidades sería ir contra el orden y contra la razón" (CN, IX).

> "Si la unidad del culto es una verdad innegable y fundada en la unidad misma de aquél que debe ser el objeto del mismo, esta unidad no excluye la multiplicidad de medios a los cuales la variedad infinita de nuestras necesidades nos obliga a recurrir. Entonces, este culto podría recibir innumerables extensiones en los detalles y no dejar por ello de ser perfectamente simple y siempre uno en su objeto, el cual es acercar lo que le falta a nuestro Ser y lo que le es necesario para su existencia" (CN, IX).

Si somos capaces de madurar nuestra comprensión con esta va-liosa llave que nos ofrece el Filósofo Desconocido, entenderemos el profundo sentido y alcance del ritual Martinista en su instrucción al nuevo Asociado:

> "Has de saber que el propósito de nuestra Orden no es establecer Maestros dogmáticos, sino, más bien al contrario, agrupar a sinceros estudiantes devotos de la hermandad de la verdad universal. Opuesta a todo dogma, ostracismo y fanatismo, la Orden está abierta a todos aquellos que silenciosa y pacientemente buscan la verdad. De la misma forma que sólo una única luz emana de estas tres luminarias diferentes, así también una única luz emana de fuentes que son apa-rentemente opuestas entre sí. A través de esta alegoría, reconocerás y comprenderás la alusión hecha a la Tradición y a la Religión: siempre semejante bajo numerosos cultos que la desvelan a los ojos de los profanos, existe una sola Religión porque existe una sola verdad; y ningún culto cualquiera que sea su nombre puede apropiarse para sí la posesión exclusiva de esta única verdad".
>
> Ritual de Asociado

El único y verdadero culto sólo puede establecerse desde y en el corazón del hombre, esto es, desde su naturaleza esencial y espiritual, pues

> "siendo él mismo el encargado de su obra, le compete a él según sus propios esfuerzos producirla, y a su propia inteligencia dirigirla" (CN, IX).

Es así que el hombre se ve obligado a alcanzar su madurez como ser divino y consciente, y la misma vida le "invita" a ello. Pero, aunque

> "...la Entrada al Santuario está abierta para todos, no todos desean hacer los sacrificios indispensables para entrar en él. Multi vocati, pauci vero Electi"[141].

Así pues, el auxilio de una Orden iniciática como la Martinista, o de cualquier otro sistema o religión, no puede tener otro propósito que el de servir de guía y al mismo tiempo de bálsamo para aceptar mejor y consumar los sacrificios necesarios que nos conducen a la entrada del Santuario, teniendo siempre presente que nadie podrá hacer el trabajo por nosotros mismos.

Debemos pues aceptar los procesos naturales, y sobrenaturales, por los cuales los seres humanos, según sus talentos y capacidades, y la disposición de su deseo y libre voluntad, encuentran la luz espiritual, poniendo el énfasis en el fondo y no en la forma. Es de aquí que debe surgir siempre y en todo momento un profundo respeto por las conveniencias que el hombre adopta como sagradas, sea cual sea su presentación, siempre y cuando estén guiadas e inspiradas en el amor fraternal y el amor a Dios, pues, tal como dice Saint-Martin:

> "...aunque en estos diferentes estados veamos diversificarse el culto del hombre, o más bien ampliarse y elevarse a medida que vaya descubriendo mejor la extensión y la naturaleza de sus verdaderas necesidades, este culto, mientras sea conforme al orden natural, es siempre uno, ya que tiende continuamente al mismo objetivo, que

---

[141] Carta de Jean-Baptiste Willermoz a Achard, Lyon, de 11 de junio de 1804.

es colmar las necesidades del hombre según los diversos estados por los que pasa y hacerlo por los medios más verdaderos y más naturales de los que sea capaz. Porque **las vías de la sabiduría son tan fecundas que se transforman en cada instante para adaptarse a todas nuestras situaciones. Y si, por la plenitud de sus facultades, abraza a todos los Seres, todos los tiempos, todos los espacios, en cualquier posición que nos encontremos, nunca puede dejar agotar la fuente de sus dones, y por múltiples que estos sean, tienen todos la misma unidad por principio y por fin**" (CN, IX).

Sí, el verdadero deseo espiritual en el hombre solo puede conducir a un mismo estado, solo puede restablecer un mismo culto primitivo que ha sido apoyado en todos los tiempos por

"ministros puros e incorruptibles sobre los que la confianza del hombre pueda descansar sin riesgos ni inquietud" (CN, IX).

No hagamos pues al hombre, como dice el Maestro, un *"juez de la oración"*, porque solo puede ser *"el generador y el órgano"* (CN, IX).

"**Dejemos pues de juzgar las vías de la sabiduría y circunscribir límites a sus Virtudes.** Creamos que los hombres le son igualmente queridos; que, si ella colmó a algunos con sus favores más preciosos y más gra-ciosos, es una razón más para que ellos imiten su ejemplo, empleando para con sus semejantes la misma indulgencia" (CN, IX).

La Luz que se desprende de este culto primitivo es anunciada por la palabra que nos dejó el Faro del Cristo sobre la Tierra,

"no es otra cosa que el **amor divino, es dulce, benéfica, y no pros-cribe,** aunque dejara a los Seres en privación" (CN, IX).

Es esta Luz la que percibe el ojo espiritual por encima de las formas y de las fórmulas, y de cualquier otra apariencia, y es por esta Luz que podremos discernir si en realidad estamos ante un Templo Santo.

"Porque, a cualquier lugar donde vaya el hombre, por muy aislado *que esté, están siempre tres juntos* [cuerpo, alma y espíritu], *y este número es suficiente para constituir un templo*" (CN, IX),

"…templo eterno del que el hombre encuentra en sí mismo todos los materiales" (HN, 22),

porque "**El Señor fundó su templo en el corazón del hombre**; en él trazó todo el plan; cabe al hombre levantar las murallas y terminar todo el edificio" (HD, 20).

"Y es este el **verdadero templo** en el que solo podrás adorar al verdadero Dios del modo que él quiere que se haga, ya que todos los templos representativos y figurativos, que ha permitido que su sabiduría te conceda durante tu paso por las regiones visibles, no son más que las avenidas que conducen a este templo invisible" (HN, 27).

Este Templo sólo puede ser iluminado por un único Sol Eterno, fuente de toda Luz y de toda Verdad, y sus rayos nunca han dejado de manifestarse. A él invocamos en la apertura de nuestros Templos Martinistas:

"¿Podrá el Sol, símbolo de Dios Eterno, negar sus rayos al ignorante y desprovisto de Luz? ¿No extenderá también sus influencias benéficas a los más débiles?"

"El Sol, manifestación visible del centro invisible de Luz, Vida y Amor, no niega a nadie sus influencias astrales y todo ser creado recibe un rayo de su divina sustancia".

Apertura del Grado Asociado

Si bien es verdad que a ningún ser se le niega la influencia astral del amor divino, no todos están dispuestos para percibirla de la misma forma y reflejarla.

"¿No es el reflejo de los rayos solares proporcional y análogo a la naturaleza de las sustancias que los reciben: nula sobre las superficies negras, débil sobre los fluidos sin color, más fuerte sobre los fluidos con color, viva sobre los sólidos coloreados y compactos, inmensa sobre los sólidos puros y unidos como el cristal, como el diamante? ¿No hallamos aquí una prueba convincente de que los resultados intelectuales dependen de nuestra manera de ser y que reflejan necesariamente su brillo o su oscuridad, su fuerza o su debilidad, en fin, sus vicios y sus Virtudes?" (CN, xi).

El hombre se halla pues en diferente disposición de percibir y reflejar la Luz de la Verdad. Ibn Arabí (1165-1240), el más grande y representativo Filósofo de la Unidad de la mística sufí, nos lo recuerda de esta forma:

> "Sabrás, oh noble hermano, que, **aunque los senderos son muchos, la Vía de la Verdad es única**. Los que buscan la Vía de la Verdad son pocos. Por eso, **aunque la Vía de la Verdad es solo una, los aspectos que presentan varían con las diferentes condiciones de los que la buscan**; con el equilibrio o el desequilibrio de la constitución del buscador; con la persistencia o desinterés de su motivación, la fuerza o la debilidad de su naturaleza espiritual; la perseverancia o desvíos de su aspiración; la salud o enfermedad de su relación con su meta. Algunos de los que buscan tienen todas las características favorables, aunque otros tienen solo algunas. Por eso podemos ver que, por ejemplo, la constitución del que busca puede suponer un obstáculo, mientras que sus sacrificios espirituales son nobles y buenos. Y este principio se aplica en todos los casos"[142].

Siendo así que la condición del hombre para encontrar la senda de la Verdad es variada, debido a la confusión que su estado caído le ocasiona, provocando en él distorsiones y apariencias extrañas a la verdadera luz de su espíritu que a menudo le conducen al engaño y al error, deberá tener también muy presente esta advertencia:

> "Si añadimos a ello las mezclas que se hacen en nuestro Ser, donde los vicios se alían con las virtudes y la luz con la oscuridad, podremos establecer una analogía con una nueva especie de signos, es decir, con signos mixtos referentes al bien y al mal y con las infinitas variedades relativas a las diferentes medidas de pensamiento justo o falso que conforman las diferentes mezclas" (CN, XI).

Triste espectáculo para el hombre caído y envuelto en los tenebrosos velos de la materia, sometido al azote de los elementos y caminando a ciegas en medio de creencias que no acierta a comprender correctamente.

Además, como no todos los ojos tienen la misma disposición para recibir la Luz divina, deberá tomar las debidas precauciones y adaptarse a un despertar progresivo y prudente:

---

[142] *Viaje al Señor del Poder*, Ibn Arabí, edit. Sirio, 5ª Edición 2002, Málaga, España. Págs. 26-27.

"como consecuencia de nuestra desgraciada situación, esta luz no puede desplegar todo su esplendor, porque si extendiese su claridad sobre los peligros y los males que rodean al hombre, éste, al percibir a la vez todos los enemigos que le rodean y todos los obstáculos que debe combatir y superar, solo sufriría horror y pavor. Así, cuando entra en el orden de la sabiduría, se expone progresivamente a los formidables adversarios que le persiguen. **Ésta solo le deja abrir los ojos con precaución y progresivamente.** Vela sobre él como sobre un niño que se estremecería de temor y de pavor si, en su debilidad, llegase a conocer el rigor y la violencia de los elementos o de los Agentes activos que se disputan su delicada envoltura" (CN, XII).

Para iluminar la comprensión desde nuestro razonamiento, antes debemos preparar nuestro corazón, no es al revés, no es solo por el intelecto que podremos alcanzar la puerta del Santuario, ni a través de emociones desbordadas y por piadosas que estas sean. El corazón debe abrir el pensamiento ordenado, el pensamiento debe ser iluminado por la inteligencia y de esta forma fecundar al corazón ardiente. Cuando la inteligencia y la virtud del espíritu, el pensamiento y el corazón estén alineados, el hombre podrá disponerse a recibir la acción reparadora del Cristo por una firme determinación: La libertad divina de revelarse tiene que confluir con la libertad humana de prepararse para esta revelación.

Martinez de Pasqually así lo advierte en su Tratado de la Reintegración de los seres:

"...se te ha enseñado que el espíritu doblemente fuerte está en ti cuando lo mereces y se aleja de ti cuando te haces indigno de su acción doblemente poderosa"[143].

El **Filósofo de la Unidad** observa desde una comprensión profunda las limitaciones a las que el ser humano común está sujeto para poder recibir la luz divina en todo su esplendor, situación que en su debilidad le obliga a aferrarse a representaciones sustitutorias que, al fin y al cabo, no dejan de ser auxilios temporales y secundarios.

---

[143] *Tratado de la Reintegración de los seres*, Martínez de Pasqually, Ed. Rosacruces, Epígrafe 246.

Se hace necesario, ante la imposibilidad de solventar las diferencias que separan a los hombres según su diversidad de comprensión y evolución, respetar todo lo que por tradición o por deseo despierte un sentimiento sincero y puro de respeto a lo sagrado. El amor y la compasión serán los sellos que certifiquen la autenticidad del cualquier culto, seguidos de la sabiduría que debe iluminar y guiar los pensamientos, las palabras y las obras de aquellos que la reciben. Estos son los frutos deseados, y por ellos conoceremos la verdadera naturaleza del ser que los produce:

> "Por sus frutos los conoceréis. ¿Acaso se recogen uvas de los espinos, o higos de los abrojos? Así, todo buen árbol da buenos frutos, pero el árbol malo da frutos malos. No puede el buen árbol dar malos frutos, ni el árbol malo dar frutos buenos. Todo árbol que no da buen fruto, es cortado y echado en el fuego. Así que, por sus frutos los conoceréis."
>
> Mt 7:15-20 y Lc 6:43-44

En definitiva, devolver al hombre a su verdadero culto primitivo supone que cada momento de su vida se transforme en una oración viva a su Creador, el Eterno.

Solo desde el respeto mutuo más profundo podremos operar en tanto que **Filósofos de la Unidad**, percibiendo **la Unidad de la Sabiduría divina operando en la multiplicidad de sus manifestaciones, porque no está la Unidad en las formas sino en el corazón del Hombre.**

Concluiré esta llamada al respeto de las diversas formas sagradas y a la unidad de los hombres por el culto interno del corazón volviendo a las sabias palabras del místico sufí Ibn Arabí:

> "Hubo un tiempo en que yo rechazada a mi prójimo si su religión no era la mía. Ahora, mi corazón se ha convertido en el receptáculo de todas las formas: es pradera de las gacelas y claustro de monjes cristianos, templo de ídolos y Kaaba de peregrinos, tablas de la Ley y pliegos del Corán. Porque profeso la religión del Amor y voy a donde quiera que vaya su cabalgadura, pues el amor es mi credo y mi fe".

¿Acaso la religión del Amor no es la religión de Cristo? Esta es la ley que Cristo reconoce para la vida eterna:

"Amarás al Señor tu Dios con todo tu corazón, con toda tu alma, con todas tus fuerzas y con toda tu mente; y a tu prójimo como a ti mismo".

(Lc 10:27)

Este es el **culto primitivo y universal** del Martinismo, el culto del amor fraternal y divino donde todo lo que le es extraño es inmolado en su llama espiritual, que podemos reconocer en todos los cultos particulares y en todas las religiones del mundo que lo proclamen. Uno en el santuario del corazón del hombre y múltiple en sus manifestaciones externas.

Que *"La gracia del Señor Jesucristo, el amor de Dios y la comunión del Espíritu Santo sean con todos vosotros"* (2ª Ef 13:13).

LA LLAVE MARTINISTA: EL PANTÁCULO[144]

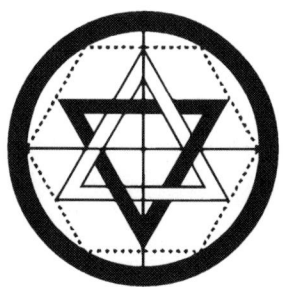

Este símbolo, heredado especialmente de la doctrina de los Élus Cohen, ofrece la **llave de las relaciones entre el ternario y el cuaternario,** que

---

[144] Del griego *pantá*, "el todo". La palabra designa cualquier figura geométrica destinada a expresar una estructura universal o absoluta. Según el Martinista Adolphe Desbarolles (1804-1886), esta palabra procede del latín *«pantaculum»*, cuyo significado es «lo que contiene todo». En este orden de ideas, Papus precisó que el Pantáculo es *«un esquema del todo que resume en un único símbolo todo un cúmulo de conocimientos».* En el caso que nos ocupa, este "cúmulo de conocimientos" hace referencia a la doctrina de *La Reintegración de los seres en sus Primeras Propiedades, Virtudes y Potencias Espirituales y Divinas* de Martines de Pasqually, recibida por sus dos principales discípulos Louis-Claude de Saint-Martin y Jean-Baptiste Willermoz en el seno de la Orden de los Élus Cohen. El presente desarrollo compete al núcleo esencial de la doctrina Martinista y precisa de cierta formación previa para su correcto entendimiento.

permiten a la inteligencia humana o cuaternaria *accionar* y *operar* en el mundo manifestado y creado por el ternario[145] a través del senario[146] contenido en el Círculo universal. Este **menor cuaternario** —*"imagen y semejanza divina"* (Gn 1:26), según *sus facultades superiores*— **fue colocado por el Creador como** *"hombre-Dios en el centro de la tierra y, así, en el centro del universo, para mandar y gobernar todos los seres emanados y creados"*[147] (181), debiendo operar particularmente sobre los *"primeros espíritus perversos"* (6) bajo su dominio en *"los límites tenebrosos de privación divina"* (23) donde estaban *contenidos* y donde él mismo sufrió su posterior *"caída"* (15). Tras esta *caída*, queda encerrado en la materia más densa donde sus facultades espirituales permanecen *dormidas*, comenzando así un largo y penoso proceso de rehabilitación para restaurar *"sus Primeras Propiedades, Virtudes y Potencias Espirituales y Divinas"* y volver así a gozar de los dones y privilegios de su naturaleza primigenia.

El **Círculo universal**, llamado también *Eje Fuego Central* (224), representado por el círculo del Pantáculo, conforma el límite de la Creación (mundos Celeste y Terrestre, el Universo y todos los seres celestes y terrestres que lo habitan), **mundo de los seres temporales y corpóreos** donde tendrá lugar todo el drama de la operación del *menor cuaternario*, su posterior caída y su proceso de Reintegración. En él se forman y animan las *"envolturas corporales que sirven de velo*

---

[145] Número del círculo de los espíritus inferiores que emanaron, por orden de Dios, las tres esencias espirituosas (mercurio, azufre y sal, principio de toda corporización), constitutivas de las formas corporales materiales, y que operaron dentro, sobre y por el Eje del Fuego Central. Número del mismo mundo temporal y de las formas corporales de los habitantes de los mundos celeste y terrestre; número del alma pasiva.

[146] Número de la creación universal y de los días de la creación; por este número, el Creador hizo salir de su pensamiento todos los tipos de imágenes de formas corporales aparentes que subsisten en el círculo universal. Número por el cual la materia aparente se reintegra en su principio, y por consiguiente número profético del carácter temporal de esta materia.

[147] Las citas del *Tratado* de Martines de Pasqually se han tomado traducidas de la edición de *Diffusion Rosicrucienne*, según formato original del manuscrito autógrafo de Louis-Claude de Saint-Martin, presentada por Robert Amadou, 2ª edición 2002, Le Tremblay, Francia. El número entre paréntesis indica el capítulo del texto según la división de 284 capítulos realizada en él por R. Amadou.

a su acción espiritual temporal" (230), "***envoltura corporal gloriosa***"
(sutil) (23), "*pura e inalterable*" (23), que los *seres espirituales eman-*
cipados necesitan para poder "***operar temporalmente las voluntades***
del Creador" (230) en los dominios del Círculo universal. "*Sin esta*
envoltura, no podrían operar nada sobre los demás seres temporales sin
consumirlos por la facultad innata del espíritu puro de disolver todo
aquello a lo que se aproxima" (230). **Estas envolturas corporales se**
constituyen así en "órgano *de los espíritus inferiores que lo habitan*
y que operan en él sobre el principio de la materia corporal aparente"
(229). Así operaba el *menor cuaternario* antes de su *caída*, revestido
de un *cuerpo de gloria* como medio y "órgano **necesario**[148] a su *alma*
espiritual" (229) en su manifestación temporal, para poder *accionar*
y *operar* en los dominios del Universo. Por contra, tras su caída, "*por*
el mal uso que hizo de su libre albedrío" (21), **esta forma "***pura e***
inalterable" (23) se revistió de otra "*pasiva y sujeta a corrupción*"
(23) **de naturaleza animal** ("*Son esas pieles de animales de las que*
Dios lo revistió"[149], Gn 3:22), pasando a ser este cuerpo una "***prisión***
de materia y sometido al tiempo" (127), donde sufre las influencias
de los *elementos*[150] y "*las penas y los sufrimientos que el alma debe*
operar conjuntamente con su forma corporal en este universo, respecto

---

[148] Martines insiste sobre la noción de "órgano", comenzando por el cuerpo:
"*El cuerpo del hombre es el órgano del alma, es por el que el menor percibe a sus*
semejantes, su intención y su voluntad de acción espiritual, por los diferentes mo-
vimientos y las diferentes operaciones que realizan a través de su forma. El alma de
los menores es el órgano del intelecto. El intelecto es el órgano del espíritu mayor; y el
espíritu mayor es el órgano del divino Creador. Tal es la bella armonía orgánica de
los principales seres espirituales divinos" (64).

[149] Al Dr. J.-Ch. Ehrmann, del 2 de julio de 1.787, ap., Amadou, *Tesoro marti-*
nista, op. cit. p. 142.

[150] La Tierra: sin el apoyo espiritual divino, los actos del hombre no tienen consistencia. - El Agua: el torrente de pasiones y egocentrismos arrastra al hombre a la
deriva y lo aleja del océano de Amor que es la Presencia divina. - El Fuego: la luz
divina siempre está presente ante sus ojos, pero cegado por el error, no la ve. A lo
sumo, siente a veces un poco de calor que le consuela. - El Aire, según Saint-Martin, es "*un Ser aparte de los elementos, símbolo de la vida invisible cuyo destino es*
purificar la tierra [...] hay un aire para la tierra, un aire para el agua y un aire para el
fuego" (Cuadro Natural, VIII).

a la prevaricación y a su unión con la materia"[151]. Para poder operar ahora su reconciliación, su regeneración y su reintegración el menor debe servirse de este cuerpo, prisión y llave[152] al mismo tiempo, llave que abrirá definitivamente el **Reparador universal, Ieshuah, Cristo**[153], por su acción restauradora y salvífica al encarnar entre los hombres[154].

El Eje Fuego Central o Círculo universal forma además otros cuerpos materiales más densos (conteniendo los reinos mineral, vegetal y animal) y emana también en ellos un *"vehículo de sus fuegos"* (110) que es la *"vida pasiva o alma animal"*[155] (262) que los anima, el ánima mundi. *"Todo ser de forma corporal nace de tres esencias espirituosas: mercurio, azufre y sal, que los espíritus del eje han accionado para cooperar en la formación de todos los cuerpos. Los espíritus han cooperado en esta formación insertando en las diferentes esencias un vehículo de sus fuegos y es sobre este vehículo que accionan continuamente para el mantenimiento y equilibrio de todas las formas. Esto*

---

[151] Extracto del Catecismo de los Élus Cohen, ap. Amadou, *Tesoro martinista*, op. cit., p. 10.

[152] La teúrgia divina externa propuesta por Martines en su Orden de los Élus Cohen tiene como objetivo abrir la puerta de esta *prisión* utilizando diversas llaves: *"Si se me pregunta cuál es la llave de esta puerta, responderé que no hay otras más que la del espíritu que vela en cada una de esas puertas, ocupándose únicamente de abrir o cerrar, por o en contra de la petición del menor. Si el menor no puede abrir por sí mismo esas puertas, él sin embargo puede hacerlo cuando le plazca. Él insufla al menor el deseo espiritual bueno, haciéndolo verdadero propietario de dicha llave, siendo así el depositario del bien espiritual y carcelero de los espíritus prevaricadores contra la Divinidad"* (258).

[153] Espíritu octonario doblemente fuerte, agente inmediato del Verbo de Dios, que reúne en sí su propia potencia divina cuaternaria y la potencia cuaternaria del Padre de la es la expresión y la imagen. Esta misma doble fuerza espiritual había sido confiada al primer Menor para que manifestara la gloria y la justicia del Eterno contra los espíritus prevaricadores antes de su caída.

[154] Este es el *"misterio escondido desde siglos y generaciones"* (Col 1:26), *"Cristo que vive en vosotros"* (Col 1:27), y ahora *"manifestado al presente"* (Rom 16:26) por Jesucristo. Tras su resurrección, hay un Espíritu (doblemente fuerte, octonario), que se mantiene permanentemente presente en el Occidente simbólico, que es la Tierra.

[155] Martines distinguirá tres tipos de vida en *"la forma corporal del hombre"*: *"La primera es la vida de la materia, que llamamos instinto, o vida pasiva, y que es innata tanto en la forma del animal racional como en la del irracional. La segunda es la vida espiritual demoníaca, que puede incorporarse en la vida pasiva, y la tercera es la vida espiritual divina que preside sobre las dos primeras"* (80).

es lo que denominamos *vida pasiva, a la que está sometido todo ser de forma celeste o terrestre"* (110). *"Por añadidura, no puede existir ningún cuerpo sin que haya en él un vehículo del fuego central, sobre el que los habitantes de este eje accionan continuamente"* (216). Esta **vida pasiva** es el Fuego Central del Eje, que opera desde el centro de los seres creados por él, pues es este *"fuego el que es el principio de la vida de todo ser corporal creado* (224) *[...] Es por esta acción y esta operación por la que todas las formas de materia aparente son mantenidas a lo largo de su duración temporal fijada por la voluntad del Creador"* (80) - son mantenidas por el vehículo de fuego central que las anima. Estos *"vehículos"* de fuego temporales no son seres espirituales:

> "Son simples emanaciones de los espíritus del eje que se reintegran en ellos, después de su duración temporal. Son seres de vida pasiva destinados simplemente al mantenimiento de las formas. [...] Esta parte ígnea que anima al ser es retirada y se reintegra sin retorno en el espíritu [ternario] del eje que la produce. Esas producciones o emanaciones de los espíritus del eje solo pueden ser temporales y momentáneas. Sólo corresponde al Creador [Inmensidad divina] emanar de su seno seres espirituales inteligentes y permanentes"[156].

En definitiva, el Círculo universal *"Es a la vez la envoltura, el sostén y el centro de la creación"*[157]. *"Limita la inmensidad del universo y el curso del movimiento y de la acción de todo ser contenido en la creación universal"* (224); lo dirige, organiza y vivifica.

Observemos también que *"el mundo celeste conserva siempre la forma de su origen y su similitud con el supraceleste y lo divino"* (242), todo lo que en él se opera nos revela una regularidad y un

---

[156] "Instrucciones a los Élus Cohen", P. Vullaud, *Los Rosa-Cruces lyoneses...* Recordemos que los seres espirituales inteligentes y permanentes son emanaciones puras de la Inmensidad divina, mientras que todo ser corporal es una creación accionada por los espíritus ternarios y compuesta de sus tres principios espirituosos que son el Mercurio, el Azufre y la Sal. Los seres emanados son eternos y los creados temporales y llamados a desaparecer por reabsorción en sus principios constitutivos.

[157] "Instrucciones a los Élus Cohen", P. Vullaud, *Los Rosa-Cruces lyoneses...*

orden infinito, pues hay una intervención que proviene incluso de más allá del mismo Círculo universal[158]: *"Pero, todas esas acciones y esos movimientos de las formas materiales no pueden provenir de este único principio innato [Fuego Central], y este principio o esta partícula de fuego increada no produciría jamás nada en las formas corporales si no estuviera accionado por una causa principal y superior que lo opera y lo vuelve propicio al movimiento y al mantenimiento de esas mismas formas. Esta causa superior no es otra cosa sino esos agentes septenarios[159] espirituales divinos que presiden como jefes las diferentes acciones y los diferentes movimientos de todos los cuerpos a los cuales mandan operar sus pensamientos y su voluntad según como los han concebido"* (99). Nada en el Universo escapa a la Ley divina: *"leyes inmutables (…) gobiernan todo este universo. No existe ni un solo ser, sea creado, sea emanado, que pueda existir ni tener acción en este círculo universal sin estar sometido a esas mismas leyes"* (219).

Louis-Claude de Saint-Martin nos desvela su llave sobre el Pantáculo en el epígrafe XVII (*Diferencia del espíritu al cuerpo*) de su obra póstuma *Los Números* (referencia obligada para este estudio):

> "Independientemente de las pruebas numéricas que encontramos en las adiciones teosóficas de 3 y 4, para asegurarnos que **4 es un número central**, y **3 un número de circunferencia**, las leyes geométricas están muy convincentemente para **hacernos distinguir nuestro origen del de la materia**, para mostrarnos nuestra superioridad sobre toda la naturaleza física, **nuestras relaciones directas con nuestro principio**

---

[158] En lo que respecta a la Tierra y al mundo terrestre, Martines señala que *"esta tierra encierra en sí misma a un ser viviente emanado del Creador y semejante a aquel que está encerrado en la forma aparente de los menores. Lo cual te confirma lo que te digo, es la regularidad y el orden de todo lo que se opera sobre este cuerpo general terrestre"* (218).

[159] Agentes y ministros directos de la Acción divina operante que el Creador empleó para la emancipación de todo espíritu fuera de su Inmensidad divina. Operan directamente la triple esencia creadora y distribuyen a todos los seres emanados los dones santificadores del Espíritu Santo. Rectores universales y número de la reconciliación.

y la duración inmortal de nuestro ser que ha extraído la vida de la inmortalidad misma.

Todas estas verdades se encuentran escritas en el círculo dividido de forma natural en seis partes.

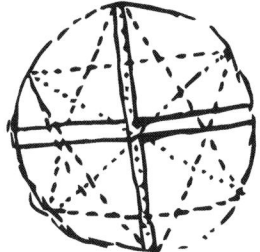 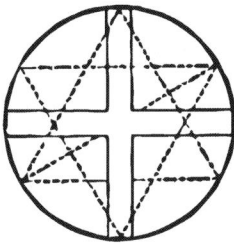

Este círculo natural se ha formado de forma diferente al círculo artificial de los geómetras. **El centro llamó al triángulo superior y al triángulo inferior que, reaccionando mutuamente, manifestaron la vida. Entonces el hombre cuaternario apareció.** Sería de todo punto imposible encontrar este cuaternario en el círculo sin emplear líneas perdidas y superfluas limitándonos al método de los geómetras. La naturaleza no pierde nada: coordina todas las partes de sus obras, las unas con las otras. También, en el círculo regularmente trazado por ella, se ve que **los dos triángulos, en su unión, determinan la emancipación del hombre en el universo y su lugar con respecto al centro divino; se ve que la materia sólo recibe la vida a través de reflejos que brotan de la oposición, que la verdadera prueba de la parte falsa, la luz de la parte de las tinieblas, y que la vida de esta materia depende siempre de dos acciones;** se ve que el **cuaternario del hombre abraza las seis regiones del universo,** y que estas regiones, al estar unidas de dos en dos, la potencia del hombre ejerce un triple cuaternario en esta estancia de su gloria.

[...] **El hombre prevaricando tras la incitación de los culpables, se alejó de este centro divino,** en relación con el cual había sido colocado; pero aunque se haya alejado de allí, **este centro permaneció en su lugar,** puesto que ninguna fuerza puede sacudir este trono temible. Así pues, **cuando el hombre abandonó este puesto glorioso, es la divinidad misma la que se encuentra dispuesta a reemplazarle y quien opera para él en el universo** esta misma potencia de la que él se dejó despojar por su crimen. Pero cuando ocupa el lugar del hombre, se reviste de los mismos colores asignados a cada región material donde se establecía primitivamente, puesto que no se puede mostrar en el centro de este círculo sin colocarse en medio de todas estas regiones.

He aquí lo que el estudio del círculo natural puede enseñar a los ojos inteligentes. La figura trazada, aunque imperfectamente, es más que suficiente para ponernos sobre la vía".

Partiendo de esta descripción, notemos de inmediato que este *"círculo natural"* que contiene todo el simbolismo del Pantáculo marca su fuerte centralidad y simetría, clave de toda la dinámica que emerge de su simbolismo y que debe constituir la guía para su correcta comprensión *"a los ojos inteligentes"* para los que se presenta.

Jean-Baptiste Willermoz, en *Las lecciones de Lyon a los Élus Cohen*, hace referencia al doble triángulo de la siguiente forma:

"**El doble triángulo** hace alusión con sus seis ángulos salientes a las tres esencias espirituosas y a su unión misteriosa, mercurio, azufre y sal. **El triángulo simple a la Tierra** que es ternaria por el número de sus principios corporales, lo triangular por su forma solo tiene tres horizontes, Oeste, Norte, Sur, y un centro, su verdadero Este. **El segundo triángulo representa el cuerpo del hombre, que es ternario en sus principios** y en la división e igualmente triangular en su forma. Es un pequeño mundo, la repetición de la Tierra y de la creación universal en la que el hombre debía mandar. Esto es lo que está representado en el estrato de los seis círculos y el doble triángulo. Su división, cabeza, pecho y vientre, representados en el Templo de Salomón por el porche, el templo y el santuario".

Nos dice Saint-Martin que *"El triángulo, siendo el símbolo universal de las leyes particulares que han producido los cuerpos, debe aplicarse al cuerpo del hombre, en cuanto a sus principios constitutivos* [mercurio, azufre y sal], *al igual que a todos los demás cuerpos"*[160], pero a la par será desde *"el centro de este triángulo desde donde emanan las tres puntas angulares"* (102) o *"facultades divinas que son el Pensamiento, la Voluntad y la Acción [Operación]"*[161].

---

[160] Cuadro Natural…, § XII. Saint-Martin. De la misma forma que lo expone Martines de Pasqually en el Tratado: *"Esta figura [triangular] no representa pues otra cosa sino las tres esencias espirituosas que han cooperado en la forma general terrestre cuya figura es la de un punto encerrado en un triángulo cuya punta es hacia abajo"* (102).

[161] «Instrucciones a los Élus Cohen», ap. P. Vuillaud, *Los Rosacruces lioneses…*, op. cit. p. 227.

Los dos triángulos inscritos representan también en el Pantáculo la dualidad temporal entre el espíritu (triángulo negro con base hacia arriba: pensamiento, voluntad y acción) y la materia (triángulo blanco con base hacia abajo: mercurio, azufre y sal) en el círculo universal, dualidad que produce una infinidad de oposiciones que se reducen en su centro *no-dual* atemporal. Observamos así la posición de los triángulos desde su entrelazamiento figurando al menor cuaternario corporeizado en su forma carnal en la inmensidad terrestre, plano ilusorio de la percepción dual. La consciencia *dual* surgida de esta forma se equilibra de manera creadora en la consciencia *no-dual/dual*, es decir, en el recuerdo de la permanencia *no-dual* en la impermanente *dualidad* del devenir, para trascender finalmente en *consciencia no-dual*, en el centro, **en ese centro *no-dual*, silencioso, desnudo y atemporal, de donde irradian todas las teofanías posibles, donde** *"el fondo de Dios es mi fondo, y mi fondo es el fondo de Dios... [...] Dios y yo somos uno"*[162] en la unidad central, como reiteraremos más adelante.

Este doble triángulo, por tanto, **circunscribe al hombre o menor cuaternario emanado, emancipado y corporeizado primero en la inmensidad celeste**[163] **y después en la inmensidad terrestre,** ambas inmensidades surgidas tras la acción creadora del Eterno a través de los espíritus ternarios tras la prevaricación.

Esta corporización del cuaternario en el ternario terrestre se opera igualmente desde el senario. *"Es en la adición teosófica del número 3 donde se encuentra la prueba de la influencia del senario en la corporización"*. 3, sumado teosóficamente: $1 + 2 + 3 = 6$. Ahora bien, el senario *"Es la expresión de seis actos de pensamiento divino que se manifestaron en los seis días de la creación, y que deben operar su reintegración. El número 6 es pues el modo de la creación, aunque no es ni el principio, ni el agente aún"*[164]. Y como consecuencia de ello,

---

[162] Maestro Eckhart, *El fruto de la nada*, Sermón "Vivir sin porqué".

[163] Mundo donde habitan los seres celestes en cuyo centro estaba el "paraíso terrenal", que no es un lugar sobre la Tierra sino un estado del ser.

[164] *Los Números*, § XX, Saint-Martin.

"así también nuestras facultades trinas [imagen y semejanza divina] *se ven obligadas a seguirlo para realizarse y llegar a su complemento de acción:* **Pensamiento 1, Voluntad 2, Acción 3, = 6**"[165].

Veamos cómo Martines nos explica la relación y la operación de estas tres facultades divinas (impresas en el menor cuaternario[166]), obrando desde la misma divinidad, dando lugar al modo de la creación representado por el senario:

> "La adición misteriosa que la Orden [*de los Élus Cohen*] enseña sobre las tres facultades divinas que son el Pensamiento, la Voluntad y la Acción o, en otro sentido, que explicaremos cuando llegue el momento, la Intención, el Verbo y la Operación.
>
> El pensamiento es uno, simple e indivisible como el Espíritu que lo produce; es el principio de todo acto espiritual libre, y por eso mantiene el primer rango entre las tres facultades espirituales de las que hablamos. Es por eso que la contamos: **1 Engendra la Voluntad sin la cual todo pensamiento sería nulo y no produciría nada. Por su rango binario, equivale a 2, y, añadiéndole el pensamiento del que procede, la contamos 3. Lo cual forma el primer ternario espiritual, pero el Pensamiento y la Voluntad serían nulos y no producirían ningún efecto si no se hubiesen puesto en acción. Es esta facultad productora del efecto la que llamamos Operación. Esta Operación, por su rango ternario equivale a 3. Y, sumándola el ternario anterior del Pensamiento y de la Voluntad, de la que procede, completa el número senario que operó la creación universal**"[167].

En el Pantáculo Martinista, **las seis puntas del hexágono evocan los seis días o los seis pensamientos de Dios inscritos en el círculo universal que contiene la creación temporal.** La circunferencia se cierra, pues, al cabo de seis "días" que llenaron las seis acciones divinas, respectivamente.

---

[165] *Los Números*, § XXVI, Saint-Martin.

[166] *"Si el Creador no hubiera tenido intención, no hubiera tenido voluntad, no hubiera tenido palabras de acciones. Ahora bien, puesto que el ser espiritual menor no es sino el fruto de la operación de esos tres principios divinos, era necesario que el primer hombre llevara las marcas de su origen, y que tuviese por consiguiente esos tres principios innatos en él, cuando el Eterno lo exilió de su inmensidad divina para ser Hombre-Dios sobre la tierra"* (47).

[167] *Instrucciones a los Élus Cohen*, ap. P. Vuillaud, Los Rosacruces lioneses..., op. cit. p. 227.

"Este número 6 es sobre el cual el hombre debería dominar en otro tiempo y sobre el cual debe dominar después de la restauración"[168].

El centro[169] manifiesta lo fijo, lo inmutable, lo que permanece, el Sí mismo, la naturaleza esencial y divina del ser cuaternario, el *Corazón espiritual* sobre el que la percepción directa de todo lo fenoménico emerge, subsiste y se disuelve, la Luz primigenia del Ser, la unidad indivisible de donde todo procede y donde todo será reintegrado. De este centro Saint-Martin dice:

> "...todo acto por parte del Eterno constituye un centro con tres ángulos. El centro emanado es la imagen del ser producido, los tres ángulos, la imagen de sus facultades o potencias. En todos los seres no hay nada fijo sino el centro. Todas sus potencias son móviles. El Ser supremo es el único cuyas potencias sean tan fijas como su propio centro.
>
> La fijeza de los centros es representada por 1 puesto que es esta unidad la que lo gobierna todo en cada ser. La movilidad de las potencias está representada por 0 (cero), puesto que en los números este cero no expresa sino las potencias de los seres, y no cambia en absoluto su valor radical"[170].

Todo ser espiritual emana (como acto del Eterno), es llamado a existir, por su centro, su naturaleza esencial, desde el cual se despliegan sus facultades, y lo hace desde la Inmensidad divina (centro de los centros) de la siguiente forma:

---

[168] *Los Números*, § XXVI, Saint-Martin.

[169] El centro es 1; 1 lo es todo. El cuaternario (4, menor espiritual) remonta directamente a la unidad por su centro que es 1 según se demuestra por su adición teosófica: $1 + 2 + 3 + 4 = 10 = 1$. El centro es Dios mismo en el Hombre, el Hombre-Dios, o el hombre-Dios, agente de la reintegración universal. Y la unidad permanecerá al final tal como era al principio, tras la reintegración total, pues todo procede de esta unidad indivisible y todo será reintegrado en ella, salvo la *materia corporal aparente* que procediendo de la nada ilusoria volverá a ser nada: "*La creación no pertenece sino a la materia aparente, la cual, al no provenir de nada, si no es de la imaginación divina, debe entrar en la nada; pero la emanación pertenece a los seres espirituales que son reales e imperecederos*" (138). Todo lo que es material (creado) es ilusorio (temporal, provisional), todo lo que es espiritual (emanado de la inmensidad divina) es real e imperecedero.

[170] *Los Números*, § VII, Saint-Martin.

"El Eterno, creador todopoderoso, cuya infinita potencia se extiende sobre el universo de los espíritus y de los cuerpos, contiene en su inmensidad una incontable multitud de seres que Él emana cuando quiere, fuera de su centro. Él da a cada uno de esos seres, leyes, preceptos y mandamientos, que son puntos de unión de esos diferentes seres con esta gran Divinidad. Esa correspondencia de todos los seres con el ser necesario es tan absoluta, que ningún esfuerzo de esos seres puede impedirla; ellos no pueden, aunque se esfuercen, salir del círculo en donde fueron colocados, y cada punto que recorren de ese círculo no deja de estar ni un solo instante sin relación con su centro; y, con gran razón, el centro no podría jamás cesar de estar en unión, comunicación y relación con el centro de los centros.

La relación de los centros particulares con el centro universal es el Espíritu Santo; la relación del centro universal con el centro de los centros es el Hijo; y el centro de los centros es el Creador todopoderoso. Dios, el Padre, creó los seres; su Hijo les comunicó la vida, y esta vida es el Espíritu Santo"[171].

En un principio, como reiteraremos más adelante, el menor cuaternario fue colocado en el centro del círculo universal temporal sin dejar de estar unido a la divinidad según sus *"leyes, preceptos y mandamientos"* (1), desde donde su Visión espiritual era pura, simple y directa[172]. Al operar, en este círculo universal temporal, fuera de estas *"leyes, preceptos y mandamientos que son puntos de unión"* con la divinidad, se "contrajo" sobre sí mismo en un cuerpo tenebroso de materia (temporal), siendo *"precipitado por la justicia del Eterno del centro de las regiones celestes"*[173], y a pesar de ello, por su naturaleza esencial emanada de la divinidad, no podrá dejar de estar *"ni un solo instante sin relación con su centro"*, pues de ser así, dejaría de Ser, aunque sus facultades espirituales sí quedaron limitadas y vulnerables[174]. Esta limitación *"hechizó al hombre y subyugó los ojos de su*

---

[171] *Instrucciones a los Hombres de Deseo*, Décima Instrucción, Saint-Martin.

[172] *"…en su primer estadio de gloria, siendo un ser pensante en la Divinidad, no conocía ningún obstáculo para comunicarse con ella"*. Ídem, Séptima Instrucción.

[173] Ídem.

[174] *"…en su segundo cuerpo, de materia, se encuentra sujeto a los ataques del intelecto que vienen incesantemente para atacar a su forma aparente, y para atacar luego, con su dominio sobre ella, al ser espiritual que contiene. Ya que, cuando el alma*

espíritu"[175], le confundió en medio de formas impermanentes e ilusorias del devenir fenoménico de la naturaleza sobre las que su Visión espiritual debía prevalecer por su centralidad atemporal. Volver sobre esta centralidad primigenia, donde todos los centros se superponen, es volver sobre la *"viva y vivificante raíz"* donde únicamente podrá regenerar sus facultades y potencias, puesto que es la fuente desde donde estas potencias irradian y operan según la unidad; identifica y define, por tanto, la *vía cardiaca* propuesta por Saint-Martin[176], **acceso directo a la unidad que todo lo gobierna, vía mística (interna y silenciosa, donde "*no se necesita* más llama que nuestro *deseo, ni más luz que la de nuestra pureza*"[177]), la cual trasciende toda teúrgia externa** (trato ceremonial con intermediarios espirituales). Este **culto o *teúrgia interna*** no pasa desapercibida para el mismo Martines que otorga al "*tabernáculo del Menor*" (257) un "*poder espiritual divino*"[178] (258) que le da acceso a "*La puerta de Oriente*[179] *del tabernáculo*" (257) que

---

hace ese combate, no está pensante, sino pensativa. [...] El ser pensante reside enteramente en la Divinidad, mientras que el ser pensativo no puede leer jamás nada de ella mientras esté pensativo, ya que ésta es su privación". Ídem. "Su mala voluntad, o el mal uso de su libre arbitrio, es lo que le arranca los ojos del alma y la hace andar a ciegas tras los falsos objetos de ilusión y de mentira, y le precipita definitivamente en la muerte eterna, que es la separación total de la luz". Ídem, Octava Instrucción.

[175] Cuadro Natural, § xx, Saint-Martin.

[176] "La única iniciación que predico y que busco con todo el ardor de mi alma es aquella por la que podemos penetrar en el corazón de Dios, y hacer entrar el corazón de Dios en nosotros, para hacer un matrimonio indisoluble que nos haga el amigo, el hermano y la esposa de nuestro Divino Reparador. No hay otro medio para llegar a esta santa iniciación que el de sumergirse, cada vez más, hasta las profundidades de nuestro ser y de no retroceder hasta que no hayamos alcanzado a obtener la viva y vivificante raíz, porque entonces todos los frutos que tendremos que llevar, según nuestra especie, se producirán naturalmente en nosotros y fuera de nosotros, tal como vemos que ocurre para nuestros árboles terrestres, porque están adheridos a su raíz particular, de la que no dejan de bombear la savia".- Saint-Martin, extracto de su Carta a Kirchberger, 19 de Junio de 1797.

[177] Carta a Kirchberger, 19 de junio de 1797, Saint-Martin. "Sí, el culto interior es sensible, seguramente lo es más que el culto exterior; pero lo es de otra manera", El hombre de Deseo, § 123.

[178] "Las tres cosas que contienen los tabernáculos inferiores particulares son la ley ceremonial del culto divino, el precepto y la operación, pero, además de estas tres cosas, el tabernáculo del menor encierra una cuarta, que es el poder espiritual divino" (258).

[179] La puerta de Occidente es el ojo, la de Mediodía hace alusión a la oreja (oído) y la del Norte es la boca (ver Tratado § 258).

*"representa **el corazón del hombre**; es por el corazón que el menor recibe las mayores satisfacciones, así como los mayores favores que el Creador le envía directamente a través de los habitantes del supraceleste"* (257).

El centro de la cruz coincide con el del círculo, y sus cuatro brazos sobrepasan los límites fijados por los dos triángulos para juntarse finalmente con el círculo. Esto significa que el *menor cuaternario* fue colocado en el centro de la Creación, no sólo para gobernarla, sino también para trabajar en su reintegración total.

> "La figura crucial [cruz], siendo emblema del fuego, del centro, del Principio, conviene al Ser intelectual [espiritual] del hombre, puesto que es directamente relativa al centro del Principio superior y universal de todas las Potencias"[180].

Martines de Pasqually, Louis-Claude de Saint-Martin y Jean-Baptiste Willermoz la designaban con el nombre de *"receptáculo"*[181], ya que veían en su forma la idea de un resplandor que tenía su fuente en un punto invisible para expandirse en todas las direcciones del espacio. En el origen, y a su modo de ver, el **Hombre primordial estaba destinado a recibir el poder divino que emanaba del centro invisible de la Creación, para operar su acción reparadora en todo el universo.**

Recordemos que, según el *Tratado sobre la reintegración de los seres*, siendo el menor cuaternario, es decir, **Adán, emplazado en el centro de la Creación para dirigirla**, no estuvo a la altura de esta misión. **Al haber fracasado, fue el segundo Adán, el Cristo, quien fue llamado para ocupar este lugar central.** En su *Tratado de las dos naturalezas*, Jean-Baptiste Willermoz precisa que, si la misión del

---

[180] *Cuadro Natural…*, § XII. Saint-Martin.

[181] Es interesante saber que en las iniciaciones preparadas por Martines de Pasqually, cuyo objetivo era rememorar simbólicamente las distintas etapas de la historia del hombre, se situaba a los candidatos en el centro de un gran Pantáculo trazado sobre el suelo, tumbados y con los brazos en cruz. Mientras estaban en esta posición, se les cubría con tres tejidos superpuestos: negro, rojo y blanco. En una de estas iniciaciones, se añadían dos grandes bandas de lienzo blanco, de manera que formasen una cruz sobre su cuerpo. A esta cruz se la denominaba "receptáculo".

Cristo hizo necesario que pasase por la cruz, fue para recordar a los hombres su condición original:

> "Esta Cruz, al dividir figurativamente con sus cuatro brazos las cuatro partes del espacio creado, nos recuerda con bastante claridad las cuatro regiones celestes que fueron el primer dominio del hombre en su estado de pureza y de inocencia. Su centro, sobre el que expira el divino Reparador, nos recuerda el Paraíso terrestre que fue la morada de su gloria y de su soberanía".

En definitiva, tanto para Jean-Baptiste Willermoz, como para Louis-Claude de Saint-Martin, tras la expiación del Reparador, la cruz simboliza también la Redención e indica la vía que debe seguir la humanidad para reencontrar el centro primigenio de su naturaleza esencial, su *Corazón espiritual*, el Sí mismo.

Esta reinstalación en el *centro no-dual* donde se opera la reintegración final del ser cuaternario pone de manifiesto que la doctrina de Martinez de Pasqually es profundamente *no-dualista*, afirmación que puede parecer paradójica, dado que en su exposición presenta aspectos dualistas exacerbados cuando habla inequívocamente del mal e invita con las operaciones teúrgicas a oponerse a los poderes maléficos, reducir sus efectos perversos e incluso devolverlos si es posible a la nada. Pero un análisis más atento viene a evidenciar que el retorno al estado primigenio del *menor cuaternario caído* en el mundo dual es, como acabamos de decir anteriormente, un reconocimiento de su *naturaleza esencial divina no-dual*. La percepción dual, consecuencia de la "caída", hace emerger en sus oposiciones la naturaleza del mal que no tiene consistencia Real, tal como nos señala Saint-Martin en una carta dirigida a Johann-Christian Ehrmann[182]:

> "El mal solo se conoce por oposición al bien, lo recuerdo, pero el bien no está en la misma situación; pues de otro modo, los dos

---

[182] Johann-Christian Ehrmann (1749-1827), médico originario de Estrasburgo instalado en Francfort en 1779. Este documento fue publicado por Papus en la revista *La Iniciación* en enero de 1903 (p. 56-61) con un error de fecha, 1781 en lugar de 1787.

principios serían coeternos. [...] El pecado del hombre no era necesario, tampoco el mal lo será jamás".

El mal, al igual que el espacio-tiempo[183], demuestran la percepción dual e ilusoria de todo ser corrompido y desplazado de su centro, estado que sufrió igualmente el menor cuaternario cuando operando sobre los espíritus rebeldes atrapados en el *Eje Fuego Central* (círculo universal temporal), según la *Figura Universal* de Martinez de Pasqually, perdió también su propio centro arrastrado por la acción y el pensamiento de aquellos prevaricadores que ya habían caído en el mundo de esta dualidad temporal:

> "El origen del mal no procede de ninguna otra causa sino del pensamiento malvado seguido de la voluntad malvada del espíritu contra las leyes divinas; y no que el espíritu mismo emanado del Creador sea directamente el mal; porque la posibilidad del mal no existió jamás en el Creador. Surge únicamente de la única disposición y voluntad de sus criaturas" (15).
>
> "El mal solo tuvo su principio en el pensamiento que el jefe demoníaco, que era libre, concibió en sí mismo, opuesto a la ley, al precepto y al mandamiento del Eterno; no se trata de que el demonio sea el propio mal, ya que, si él cambiara desde hoy su pensamiento malo, su acción cambiaría también y, desde ese instante, no existiría el mal en toda la extensión del universo. El mal, repito, solo tiene su nacimiento en el pensamiento del demonio opuesto a aquél de la Divinidad, pensamiento que él concibió por su puro libre arbitrio y por el cual se separó de la Divinidad; lo que originó el binario [dualidad], número de confusión, como **habiendo deseado existir independientemente** de la Divinidad del Creador todopoderoso"[184].

El mal, por tanto, no es consustancial al Ser, sino que se origina en su pensamiento distorsionando y fragmentando su percepción en

---

[183] "Temporal" para Martines de Pasqually significa "material". La creación del mundo material inaugura el tiempo. Por su origen, la materia es un conjunto ilusorio y temporal, es decir provisional. Sólo tiene una función limitante de las facultades y visión espiritual de los seres "caídos" sumergiéndolos en una visión dual aparente, de la misma forma que los cuerpos materiales y el espacio-tiempo donde se manifiestan son aparentes y no tienen consistencia Real.

[184] *Instrucciones a los Hombres de Deseo*, Primera Instrucción. Saint-Martin.

el mundo dual y dando origen al doble centro, Real y aparente[185], **manifestándose sólo en lo aparente, en lo ilusorio y temporal.** Por eso este mal es ajeno y no afecta a la Unidad indivisible, quedando limitada esta manifestación por el Círculo universal temporal:

> "esta disminución por el centro no impide que la unidad permanezca completa, ya que la alteración no la puede afectar sino sólo al ser que la quiere atacar y que no recibe nada más de ella que por medidas partidas, en vez de recibirla por entero y en plena medida. Por eso **el mal es ajeno a la unidad.** Sin embargo, como algo de ella en el ser disminuido, esta disminución incitó al centro a moverse para rectificar este 2 o esta mitad, y eso **sin que el centro se saliera de su rango, ya que la unidad es indivisible;** ahí está el más sublime de los misterios y la fuente inagotable de las maravillas donde el alma y el espíritu del hombre pueden beber de la fuente"[186].

Este **desplazamiento del centro** que limita la percepción dual del ser separado de su Fuente se opera en el *Eje Fuego Central* como consecuencia de la acción restrictiva que aquí se ejerce sobre las facultades de los espíritus rebeldes, por lo que los espíritus de este *Eje Fuego Central* operan temporalmente. **De aquí la necesidad de reorientar al *menor cuaternario caído* y corrompido hacia la atemporalidad de su centro como acceso a la vía de la Reintegración.** En la *eseidad no-dual*, en el centro, sólo hay Ser, presencia de Ser, y **la naturaleza esencial del Ser es amor incondicional,** aquello que desde el no tiempo atraviesa al ser humano.

---

[185] El Hombre que estaba orientado hacia Dios se orientó hacia sí mismo, convirtiéndose en su propia norma. En lugar de atender a Dios, su verdadero centro, y de vivir a partir de ahí, quedó adherido a su propia voluntad y atrapado en un centro egoico aparente dejando de contemplar a la Fuente para contemplarse a sí mismo como algo separado de la Fuente: *"Pero si, después de haber llevado todas nuestras facultades de contemplación hacia esta fuente universal, llevamos nuestros ojos sobre nosotros mismos y nos llenamos con nuestra propia contemplación, de modo que nosotros nos observemos como el principio de algunas de las claridades o satisfacciones interiores que esta fuente nos procuró, a partir de este momento establecemos dos centros de contemplación, dos principios separados y rivales, dos bases que no están ya vinculadas; por último, establecemos dos unidades con la diferencia de que una es real y la otra aparente"* (Los Números, § I, Saint-Martin).

[186] *Los Números* § I. Saint-Martin.

"Somos en la eternidad; el mal nos alejó de ella, es la gracia de Dios y los esfuerzos de nuestra voluntad lo que puede devolvernos a ella"[187].

Para Martines de Pasqually, el Ser de seres, El Eterno, el Creador, el Padre, la Unidad, el Uno, la Unidad absoluta, la Divinidad, son sinónimos de Dios, del sin forma, del no tiempo, de lo incorpóreo, de lo infinito, de lo sublime o de toda perfección. Según Jean-Baptiste Willermoz:

> "Dios es Espíritu puro, incorpóreo, sin ninguna forma ni figura, Eterno e infinito, sin comienzo ni fin. Es el Ser de seres. Existiendo por sí mismo en toda la eternidad, es el principio único y absoluto de todo lo que existe. Es un receptáculo inmenso de Luz, de Gloria, de Beatitud, y un abismo infinito de Grandeza, de Sabiduría, de Poder y de toda Perfección. Contiene en sí mismo en su propia inmensidad todo lo que Existe o puede Existir, es el germen fecundo, la fuente inagotable de toda producción y emanación divinas..."[188]

"*Dios es uno e indivisible en su naturaleza esencial*", continúa Jean-Baptiste Willermoz en el párrafo siguiente del mismo documento, retomando las enseñanzas de Martines. **Si Dios es uno e indivisible, lo múltiple se incluye en esa unidad divina. Nada es exterior a Dios.** Cualquier separación solo lo es en apariencia, desde la percepción fragmentada del hombre perturbado tras la "caída" que le hace vivirse separado del centro, de la Fuente, orientado hacia sí mismo "*estableciendo dos centros de contemplación, dos principios separados y rivales*"[189], *uno Real y el otro aparente*. Lo Real fluye hacia lo irreal al caer en la ilusión de la temporalidad pensada, pero no al revés. Partiendo de las apariencias, de la temporalidad, no podremos llegar a lo Real. Desde el espacio-tiempo no es posible traspasar la línea, pues la puerta tiene la llave al otro lado. "*La materia*, dice Saint-Martin, *hechizó al hombre y subyugó los ojos de su espíritu, era necesario que el Reparador Universal hechizara la materia y demostrase su nada,*

---

[187] Carta dirigida a Johann-Christian Ehrmann, 1.787.

[188] Rituales. Dos cuadernos de escritos martinezistas. *De Dios considerado en su unidad y en la Trinidad de sus poderes*. De Jean-Baptiste Willermoz. Manuscrito FM4 (508) Biblioteca Nacional de Francia.

[189] *Los Números* § I. Saint-Martin.

haciendo reinar ante ella lo verdadero, lo puro, lo inmutable. (…) sin que ninguna de las fuentes de la corrupción haya podido llegar hasta él"[190]. Este Reparador Universal, guardián del Centro Real del que el hombre se desplazó, opera desde la atemporalidad del Padre, a quien permanece siempre unido: "*El Padre y yo somos una sola cosa*" (Jn 10:30). La unidad con el Padre es la luminosa Presencia desde donde el Reparador abre la puerta que permite desvanecer de nuevo la ilusión irreal de la temporalidad pensada "*haciendo reinar ante ella lo verdadero, lo puro, lo inmutable*": "*Yo soy la luz del mundo; el que me siga no caminará en la oscuridad, sino que tendrá la luz de la vida*" (Jn 8:12). Esta acción reparadora que presenta al hombre "*la luz del mundo*" liberará de nuevo "*los ojos de su espíritu*" devolviéndole la **Visión Real**[191] que había perdido al sucumbir al *hechizo* del universo fenoménico y aparente de la temporalidad pensada, donde olvidó su naturaleza esencial y primigenia, el conocimiento de Sí mismo.

No obstante, en ese **flujo de lo Real a lo irreal**, la luz primigenia que irradia del *Corazón espiritual* se proyecta sobre la mente racional[192], donde el mundo temporal es percibido por esta luz reflejada del Sí mismo. **La mente es útil debido a este reflejo de la luz del Sí mismo (espejo). Es usada para discriminar los objetos del círculo universal**

---

[190] *Cuadro Natural*, § xx, Saint-Martin.

[191] En esta Visión Real, Ver es Ser; esta es la visión espiritual primigenia. Contemplo lo Real y lo Soy, y lo que Soy es atemporal. Lo que no Soy está sometido al devenir de la temporalidad pensada que es apercibido por los sentidos corporales y por la mente en medio del "*hechizo*" de la materia que nos hace creer que la realidad es lo que aparece en el espacio-tiempo, lo que no permanece. El espacio y el tiempo son las primeras categorías de todo el universo sensorial (como muy bien señaló Kant), conformando el sello de la mente y de la ilusión. Pero al contrario de lo que ingenuamente imaginamos, el espacio y el tiempo no existen fuera de nosotros, son producto del "*hechizo*" que provoca la proyección de una "realidad" en la mente pensante, siendo esta "realidad" ilusoria el devenir que no permanece. Utilizando la terminología de Martinez de Pasqually en su Tratado, la pérdida de la Visión Real es el paso del "*ser pensante - activo*", "*imagen y semejanza de su principio generador*", al "*ser pensativo - pasivo*", estado pasajero y temporal "*completamente extraño al hombre en su estado primitivo de pureza y de inocencia*" (Notas de Jean-Baptiste Willermoz, 9° Cuaderno doctrinal). El "*ser pensante*" operaba desde su centralidad Real, el "*ser pensativo*" se ha perdido proyectándose en una centralidad desplazada temporal e ilusoria.

[192] Segundo *centro aparente*, temporal y dual que acabará velando la percepción directa del centro Real tras la caída. La Luz es inteligencia pura, la mente es *pensativa*.

permitiendo operar así en la temporalidad[193], a pesar de su distorsión mental. Pero cuando se vuelve hacia adentro, hacia su verdadero centro atemporal, la fuente de la luz primordial brilla por sí misma, y la mente se desvanece en la nada como la luz de la luna por el día. La *percepción dual temporal y aparente* trasciende disolviéndose en la *no-dualidad* atemporal. De ahí que Jesús afirme que *"Solamente aquel que ha venido de Dios, ha visto al Padre"* (Jn 6:46), lo que realmente viene a decir que **nadie vuelve al Ser sino el mismo Ser, ese Ser que nunca estuvo en otro lugar distinto porque no hay nada fuera de Dios.**

Así, la reintegración reorienta al hombre de nuevo hacia el centro de todas las cosas que es su propio Centro, le devuelve a la contemplación de lo único Real que existe donde la plenitud de Dios permanece, recuperando la visión *no-dual* **que le abre de nuevo a la Presencia del Padre.** Esta *no-dualidad* o Plenitud solo puede ser comprendida por sí misma, insiste Willermoz, pero, no obstante, **podemos dejarnos atrapar por ella en el silencio,** cuando se silencian todas nuestras facultades, precisa Saint-Martin, invitándonos a vaciarnos de nuestras ensoñaciones mentales e imaginarias para **recordar la Presencia del Ser esencial** que somos y que se contiene en la plenitud divina y eterna. Si el hombre quedó atrapado en este mundo ilusorio olvidando lo que es, deberá liberarse en él recordándose a sí mismo tal como es en verdad.

Es desde este Centro Real que **Hely,** o **Rhely**[194], como lo llama Martines de Pasqually, figura misteriosa de **Cristo,** único mediador

---

[193] Puesto que, en todos los dominios *"el menor, desde su prevaricación, está sometido a operar como un ser puramente espiritual temporal, sujeto al tiempo y a la pena del tiempo"* (Tratado, M. de Pasqually).

[194] *Hely* o *Rhely* es el tipo del Espíritu Octonario doblemente fuerte, o de la doble potencia espiritual divina (4 × 2), que había sido confiada al primer menor y que ya solo pertenece a los menores elegidos y, entre ellos, eminentemente al Cristo, del que son los tipos sucesivos, a menos que el Cristo sea su arquetipo, incluso uno de los tipos del Gran Elegido recurrente. Robert Amadou, en su introducción al Tratado, nos dice: *"La cosa es el espíritu santo (las mayúsculas no encajarían en el pensamiento y el sentimiento de Martines); el espíritu santo de Hely es el espíritu santo de Cristo, ya que Hely, profeta, ángel y Dios, es Cristo. Cristo, Ángel del Gran Consejo, de nombre supereminente y tácito como por necesidad, actúa por el espíritu santo bajo el nombre misterioso de Hely (o Rhely). Y es la Sabiduría o la sabiduría, la cosa que sentimos la tentación de escribir como Cosa. Nos contendremos, por miedo a equivocarnos".*

indispensable, espíritu de Dios que inspira a todos los Profetas y que alcanza su máximo esplendor en Jesucristo, **opera su función reparadora permitiendo al hombre despertar de nuevo a su estado primigenio que le sería inaccesible sin su intervención o la del Espíritu Santo.** Como decía Saint-Martin, *"cuando el hombre abandonó este puesto glorioso, es la divinidad misma la que se encuentra dispuesta a reemplazarle y quien opera para él en el universo esta misma potencia de la que él se dejó despojar por su crimen"*; será el mismo Cristo quien asegurará que *"este centro permanezca en su lugar, puesto que ninguna fuerza puede sacudir este trono temible"*, permitiendo **restaurar las facultades del hombre desde** *la región del tiempo*, recuperando así su Visión Real. Tras su acción Reparadora, **en este Centro Cristo, Dios y el hombre son una sola cosa,** pues no hay en él separación posible: *"Que todos sean uno. Como tú, Padre, en mí y yo en tí, que ellos también sean uno en nosotros... Yo les he dado la gloria que tú me diste, para que sean uno como nosotros somos uno; yo en ellos y tú en mí, para que sean perfectamente uno..."* (Jn 17:21-22). Se da así un salto cualitativo de la *semejanza* a la *unidad*, tal como aprecia Orígenes de Alejandría (185 - 254) en los versículos citados de Juan: *"la semejanza misma, si se puede llamar así, progresa y de semejante se hace 'una sola cosa', sin duda porque al final 'Dios será todo en todos' (1 Co 15:28)... 'Él es todo' en cada uno de los seres [...] modo y medida de toda su actividad. [...] En efecto, ya no habrá distinción entre el bien y el mal, porque en ninguna parte se hallará el mal, pues Dios, de quien está lejos el mal, es 'todo' para él..."*[195] Y esta es **la gran misión del Hombre: ser uno con Cristo, por Cristo y en Cristo, donde sólo Dios habita y sólo en Dios se habita,** pues su Reino se manifiesta ya en todo su esplendor porque lo *"ilumina la gloria de Dios, y su lámpara es el Cordero"* (Ap 21:23).

"Ésta es la **unidad efectiva** y conocida como **efectividad** por los que la aman y la buscan como ha hecho el hombre nuevo. Eso es lo

---

[195] Orígenes, *Los primeros principios*, 3, 6, 1.3.

que los pone en situación de convencer al mundo de que la gloria de esta unidad ha llegado hasta ellos y, por consiguiente, ha llegado también el medio de transmitirla y se ha manifestado a las naciones"[196].

Este será el **Ministerio del Hombre-Espíritu**, que *"contempla aquí la gloria que te prepara el reparador, para que, a tu vez, tú la prepares a los tuyos. No es nada menos que estar donde está ahora el reparador; no es nada menos que contemplar su propia gloria, llegar así a esa luz que hay por encima de los tiempos, sentir, elevándote hasta* él, lo que es haber sido amado por Dios antes de la creación del mundo, y reconocer por este medio *la inmensidad del amplio campo que puede abarcar tu antiguo origen y tu santa inmortalidad"*[197].

El Maestro Eckhart (1.260 - 1.328) alude a esta misma unidad por un conocimiento íntimo del Ser en Dios (Presencia, Gnosis, Reino, Centro): *"…el hombre debe regresar a sí mismo y conocer a Dios en sí mismo […] hace falta que el alma se sepa a sí misma en Dios, y esto ocurre así: puesto que todo lo que está en Dios es Dios, y puesto que mi imagen ha estado eternamente en Dios, como lo está incluso ahora y siempre ha de estar, entonces mi alma tiene que ser eternamente un solo ser con Dios y ella es Dios. Así descubro que estoy en Dios de una manera tan elevada que yo siempre he sido Dios en Dios"*[198], pues tanto *"amó Dios a su alma [del hombre], que la creó a imagen de la Trinidad y todo lo que Dios es por naturaleza, ella puede serlo por la gracia"*[199]. Pues siendo Dios la Fuente de donde todo Ser espiritual emana, el Centro de los centros, *"en la fuente más interior, brotamos del Espíritu; allí hay una Vida, un Ser y una Obra"*[200]: *"producto de la intención del Padre, de la voluntad del Hijo regenerador y de la acción del Espíritu divino"*[201] (50).

---

[196] *El Hombre Nuevo*, § 64, Saint-Martin.

[197] Ídem.

[198] *El libro del consuelo divino*, Maestro Eckhart.

[199] Ídem.

[200] *"Dios y yo somos uno"*, Sermones, Maestro Eckhart.

[201] Forma en la que el menor cuaternario fue emanado de Dios, de la Fuente, de la Inmensidad divina; *"brotando del Espíritu"*, como dice Eckhart. Recordando

Y finalmente es así cómo *"retornando sobre sus pasos, por los mismos caminos, el hombre debe estar seguro de recuperar el punto central en el cual únicamente puede gozar de alguna fuerza y de algún reposo"*[202], pues *"Nuestro ser, siendo central, debe encontrar en el centro, donde están todos los auxilios necesarios, su existencia"*[203]. Rehabilitado ya en su centro Real, que siempre fue guardado en Cristo, Reparador universal, el *Hombre de Deseo* deviene *Hombre Nuevo*, y cuando este se fija definitivamente en su Presencia, resulta **Hombre-Espíritu u *Hombre-Dios de la tierra*, uno con Cristo y uno con Dios,** liberado para siempre de las ensoñaciones o *hechizos* de este mundo ilusorio. **Este Hombre-Espíritu es la Luz de la Consciencia de la Presencia de Dios en sí, de sí en el Eterno que es Dios, y de ser Uno con todos en todo.** Una Luz triple y una sola Consciencia, una Luz única y un campo triple de Consciencia. Desde esta percepción luminosa ya no se puede confundir más lo verdadero y Real, que es Eterno, con la sombra falsa y efímera del devenir temporal que recubrió al menor tras su caída: *"Todo es verdad en la unidad, todo lo que es coeterno con ella es perfecto. Todo lo que se separa de ella está alterado o falseado"*[204] y está llamado a desaparecer, como si jamás hubiera existido[205]. He aquí la Llave del Pantáculo y el Misterio de la Iniciación Martinista.

---

las palabras de Saint-Martin anteriormente citadas: *"Dios, el Padre, creó los seres; su Hijo les comunicó la vida, y esta vida es el Espíritu Santo"* (Instrucciones a los Hombres de Deseo).

[202] *De los Errores y de la Verdad*, Saint-Martin.

[203] *Correspondencia*, Saint-Martin.

[204] *Los Números*, § XII, Saint-Martin.

[205] *"... y el universo entero se borrará tan súbitamente que la voluntad del Creador se hará oír; de manera que no quedará el menor vestigio, como si jamás hubiera existido"*, Jean-Baptiste Willermoz - ISGP (LF). *"...toda la Naturaleza es volátil y solo tiende a evaporarse; lo haría incluso en un instante si lo fijo que la contiene le perteneciera, pero este fijo no le pertenece, está fuera de ella, aunque actúe violentamente sobre ella. Nunca forma una alianza con él si ésta no comienza por su disolución"*, Louis-Claude de Saint-Martin - Tabla Natural, VI. *"... [la materia general] se eclipsará completamente al final de los tiempos y se borrará de la presencia del hombre como un cuadro se desvanece de la imaginación del pintor"* (Tratado, 93).

Madrid, 29 de agosto de 2018

Memoria del martirio de san Juan Bautista, al que Herodes Antipas retuvo encarcelado en la fortaleza de Maqueronte y a quien, en el día de su cumpleaños, mandó decapitar a petición de la hija de Herodías. De esta suerte, el Precursor del Señor, como lámpara encendida y resplandeciente, tanto en la muerte como en la vida dio testimonio de la verdad.

HACIA EL DESPERTAR ESPIRITUAL

"El hombre despreocupado y desatento atraviesa este mundo sin abrir los ojos de su espíritu" [H.D. 3][206]

Este *"hombre despreocupado y desatento"* que atraviesa este mundo ajeno a las verdades del espíritu, es conocido por nosotros como *"El Hombre del Torrente"*,

> "… aquél que aún no despertó a la espiritualidad. Absolutamente separado de la Sabiduría Divina, no consigue encender la antorcha de Luz que le servirá de guía. Inmerso en las ilusiones de la materia, sufre y no percibe que es a consecuencia de su ignorancia que sus sueños se deshacen"[207]. "Las diferentes escenas de la naturaleza se suceden delante de él sin que su interés se despierte y su pensamiento se amplíe". [H.D. 3]

Ahora bien, ¿cuáles son los ojos del espíritu? En el Génesis 2:7, Moisés escribe:

> "Entonces el Señor Dios modeló al hombre de arcilla del suelo, sopló en su nariz aliento de vida, y el hombre se convirtió en ser vivo".

---

[206] "El Hombre de Deseo", de Louis-Claude de Saint-Martin, epígrafe 3.

[207] Lecturas del Grado Asociado – OM&S. Principios básicos de la doctrina Martinista. Haniel S.I. Pág. 197.

Partimos pues de una parte que corresponde al barro (continente), perteneciente a la naturaleza material, y otra que procede del aliento divino (contenido), que llamamos espíritu y es de naturaleza divina. Pero observemos que primero fue modelada la parte material, y sobre ella insuflada la parte espiritual. De este modo nos dice San Pablo:

> "El primer hombre procede la tierra y es terreno, el segundo hombre procede del cielo" [1ª Cor. 15:47].

Estas dos naturalezas, material y espiritual, quedan unidas por un intermediario llamado alma.

A consecuencia de su constitución, el hombre dispone, pues, de distintos órganos de percepción, unos corresponden a su naturaleza animal y otros a su naturaleza espiritual. Karl von Eckartshausen establece un órgano de percepción distinto para cada una de estas dos naturalezas que denomina *sensorium*.

> "Así como el hombre tiene en su interior un órgano espiritual y un sensorium para recibir el principio real de la razón o sabiduría divina y el móvil real de la voluntad o amor divino, posee al exterior un sensorium físico y material para recibir la apariencia de la luz y de la verdad"[208].
>
> "El sensorium externo del hombre está compuesto de una materia corruptible, mientras que el sensorium interior tiene por sustrato una sustancia incorruptible, trascendental y metafísica"[209].

Para Valentín Weigel[210], podemos encontrar en el hombre un triple ojo: el inferior o de la carne, el intermedio o de la razón y el superior o del entendimiento. Existe, pues, una triple visión:

> "La primera es el oculus carni, el ojo de la carne con el que se ve el mundo y todo lo relacionado con los alimentos. Otra es el oculus rationis, el ojo de la razón, con el que se ven, se alcanzan o se encuentran

---

[208] La nube sobre el santuario. Karl von Eckartshausen. Primera Carta.

[209] Idem.

[210] "Conócete a ti mismo", de Valentín Weigel. Ed. Yatay, Madrid, 2.000.

las artes y se consiguen las obras de la razón y los trabajos manuales. La tercera y más elevada visión del hombre se llama oculus mentis seu intellectus (ojo de la mente o intelecto), el ojo del entendimiento con el que se ve a Dios y a los ángeles [mundo supraceleste y divino]"[211].

Antes de la caída, el hombre veía con claridad y mantenía contacto directo con la divinidad a través del ojo del entendimiento, de su *sensorium* interno. No había secretos en el universo para él. La luz divina iluminaba su ojo interior convirtiéndolo en un verdadero Sol interno por el que conocía todos los objetos y todos los seres. Verdaderamente era el rey de la creación. Pero tentado por el maligno, abusó de este conocimiento y sufrió la muerte espiritual, esto es, la privación de este conocimiento divino. Y es así como el reino natural, que debía ser gobernado por la luz del espíritu, se convirtió en el sepulcro de dicho espíritu donde este sufre la privación de la luz primigenia. Ahora el hombre se encuentra inmerso en el reino de la confusión y el olvido, limitado su entendimiento en la región temporal por los sentidos temporales, ya que no hay relación sino entre seres de la misma naturaleza.

Su *oculus mentis seu intellectus* se halla en tal estado de deterioro, que le resulta casi imposible apreciar en su ser la imagen y semejanza divina, tal y como se manifestaba en un principio:

"Y creó Dios al hombre a su imagen; a imagen de Dios lo creó" (*Génesis* 1:27).
"Este órgano [sensorium interno] ha sido cerrado a causa de la caída que arrojó al hombre al mundo de los sentidos. La materia grosera que envuelve este sensorium, es una mancha que cubre el ojo interior e incapacita al ojo exterior para la visión del mundo espiritual"[212].

El *oculus rationis* ha de esforzarse en apartar de sí aquellas apariencias que le impiden discernir lo verdaderamente real de lo aparente. La razón se halla de este modo extraviada y sus principales luces ya

---

[211] Ídem.

[212] *La nube sobre el santuario*. Karl von Eckartshausen. Primera Carta.

sólo provienen del mundo de los sentidos físicos. Y el *oculus carni* se ve sometido a una densidad caótica y errante, a una gravedad ofuscante y seductora de placeres mundanos. En estas condiciones, el conocimiento humano se encuentra alejado del verdadero conocimiento, pues todo conocimiento o concepto naturales proceden y fluyen desde los propios ojos y no del objeto, es decir:

> "que la vista y el conocimiento naturales vienen o se realizan por el conocedor mismo y no por el objecto u objeto que debe ser conocido"[213]. "Por consiguiente, si el ojo es puro, sincero, claro y diestro, el conocimiento será puro, sincero y hábil. Si el ojo es sucio y oscuro, la vista será falsa y oscura"[214].

Los ojos del ser caído están sucios y oscuros, y su visión espiritual es prácticamente nula.

En su estado adámico anterior a la caída, el espíritu del hombre, imagen y semejanza divina, regía sobre su naturaleza animal, al igual que sobre todos los seres creados. Tras la caída de Adán, quedando este espíritu "encarcelado" en la materia y sometido al azote de los elementos, la situación, tal como nos la describe Emanuel Swedenborg, es la siguiente:

> "En cada uno [de nosotros] hay un hombre interior y un hombre exterior; el interior es el que se denomina hombre espiritual, y el exterior, el que se denomina hombre natural; uno y otro tienen que ser regenerados. En el hombre que no ha sido regenerado gobierna el hombre exterior o natural, y el interior sirve; pero en el hombre que ha sido regenerado gobierna el hombre interior o espiritual, y el exterior sirve. Está claro, pues, que el orden de la vida ha sido invertido en el hombre desde el nacimiento; a saber, que el que sirve debe gobernar y el que gobierna debe servir"[215].

Y he aquí la tarea que le está encomendada a todo *"Hombre de Deseo"*: restablecer a su origen el orden jerárquico en su propia naturaleza

---

[213] Ídem.

[214] Ídem.

[215] *La nueva Jerusalén y su doctrina celestial*. Emanuel Swedenborg.

dual, para lo cual, necesariamente tendrá que recuperar su visión plena, y esto sólo es posible a través de un proceso de regeneración física, mental y espiritual. Es en este proceso (que conocemos como iniciación) donde el hombre va recordando poco a poco su origen y su verdadera naturaleza, despertando en sí mismo las verdades divinas.

Saint-Martin nos invita a no desaprovechar un solo momento de nuestra vida en esta tarea, tarea compartida con nuestros semejantes, nuestros hermanos, a quienes nos debe unir una profunda caridad:

> "Abre cada día las sendas de esa escuela, si quieres aprender lo que es la obra del Señor. Que el maestro que allí enseña encuentre en ti al más asiduo de los oyentes" [H.D. 4].

El Hombre de Deseo es pues, irremediablemente, un ser en plena actividad, actividad a todos los niveles:

> "¿Y no será por la acción que se nutre la fuerza?" [H.D. 8].

Si el hombre débil no ejercita sus músculos, en vano esperará que estos se fortalezcan.

> "Purifícate, pide, recibe, actúa: toda la obra está en estos cuatro tiempos" [H.D. 8].

Si no se actúa, no se puede completar la obra.

> "Cuidado, hombre, para no hacer la oración del cobarde queriendo obtener todo sin trabajo. ¿Qué otra oración puede haber después de la acción, aquella que atrae la acción, y que se une a ella?" [HD 38]. "En la región de la vida, el acto del espíritu es perpetuo" [H.D. 16].

Donde la vida no se expresa, el espíritu no actúa:

> "Mantendré mi alma en actividad, para tener continuamente en mí la prueba de mi Dios" [H.D. 12].

Y tengamos siempre presente que *"una vez que el fuego del espíritu se enciende, se debe pensar sólo en mantenerlo vivo"* [H.D. 29].

Evidentemente, esta actividad tiene una orientación precisa, aquella que nos conduce a fortalecer y recuperar la visión perdida:

> "La mantendré ocupada [al alma] en la meditación sobre las leyes del Señor. La mantendré ocupada en la práctica y en el hábito de todas las virtudes. La mantendré ocupada en regenerarse en las fuentes vivificadoras. La mantendré ocupada en cantar todas las maravillas del Señor y la inmensidad de su ternura por el hombre" [H.D. 12]. "Me consagro, gracias a la infinita asistencia divina, a vivir, pensar y morir sólo por mi Dios" [H.D. 30].

Esta actividad continua se convierte así en una oración viva:

> "Así debe ser la oración del hombre; no debe conocer el reposo ni la interrupción, así como la eternidad no conoce el tiempo ni los intervalos" [H.D. 19]. "Pero la verdadera oración es hija del amor. Es la sal de la ciencia; ella la hace germinar en el corazón humano, como en su terreno natural. Transforma todos los infortunios en delicias. Porque es hija del amor; porque es preciso amar para orar, y es preciso ser sublime y virtuoso para amar" [H.D. 42].

La oración se convierte así en un acto perpetuo de amor y de virtud.

Allá donde se halla el Hombre de Deseo está su templo, su vida es su oración que se eleva como dulce perfume desde el centro de su corazón, donde arde un deseo continuo de unión con Dios. El ardor de esa regeneración se vuelve una pasión que acaba dominando sus afectos, pensamientos, actos y movimientos. Regenerado así en su pensamiento, lo será también en sus palabras y acciones, y como el ave Fénix, resurgirá de las cenizas de su antiguo ser, quemado por el fuego divino cuya función no es otra que la de purificar e iluminar. He aquí la *"Llama de amor viva"* a la que San Juan de la Cruz dedicó una de sus poesías.

Concluyamos pues, en contestación a la observación de Saint-Martin hacia el *"Hombre del Torrente"* expuesta al principio, que el *"Hombre de Deseo"* sólo atraviesa este mundo con el único propósito de abrir los ojos de su espíritu, su *sensorium* interior. Y una vez que lo ha abierto, es posible que acabe exclamando:

"Misterios del reino de Dios, sois menos inexplicables que los misterios del reino de los hombres" [H.D. 16].

"No, no hay alegría comparable a la de caminar en las sendas de la sabiduría y de la verdad" [H.D. 9].

UN PROGRAMA DE ESTUDIO

"El Señor fundó un templo en el corazón del hombre;
en él trazó todo el plan;
cabe al hombre levantar las murallas
y terminar todo el edificio."
El Hombre de Deseo.
L.C. de Saint-Martin.

"Lo que se llama Martinismo es, al mismo tiempo, una sociedad de hombres continuando los estudios místicos del Maestro [L.C. de Saint-Martin] y un sistema filosófico y metafísico que algunos denominan una teología. Pero es también un método que permite reconocer la luz de esta propia enseñanza, lo que en todos los dominios es especialmente tradicional e iniciático".

(Adolphe Frank, 1.866)

El estudio de la Obra de Saint-Martin es esencial para poder comprender con plenitud la naturaleza de la Iniciación Martinista. Si a través de la Ceremonia de Iniciación obtenemos la transmisión y las claves para hacer efectivo el potencial recibido, es a través del estudio de la Obra del *Filósofo Desconocido* como podemos desarrollar estas claves y profundizar en su comprensión. Él dejó esta Obra escrita para que no perdiéramos nunca de vista las referencias adecuadas. Partiendo de un reconocimiento sincero y verdadero de nuestra situación de partida, la del hombre caído y degradado (Hombre del Torrente), a través de la iniciación ponemos en movimiento el motor del verdadero Deseo que nos acerca a nuestro Creador, purificando nuestro ser y comunicándonos con la Fuente de la cual emanó su existencia a través de la Oración. **La Oración, entendida según Saint-Martin, es la Piedra Filosofal capaz de transmutar nuestro ser y abrir nuestro corazón a la Gloria del Padre.** Esta es la verdadera teúrgia intracardiaca que propone la vía martinista: *"Desgraciado aquél que no funda su edificio espiritual sobre la base sólida de su corazón en perpetua purificación e inmolación por el fuego sagrado"* (*Retrato*, 427). Sólo aquellos que a través de esta vía sean "ordenados" en Espíritu podrán ejercer el verdadero Ministerio del "Hombre Espíritu" u Hombre Regenerado (Hombre Nuevo), como fieles herramientas del Altísimo que ama a su criatura: *"Feliz el hombre que la Divinidad se digna en escoger, para hacer un templo en el que se la invoque por su propio nombre y jure en su propio nombre que Ella velará sobre ese templo, y que lo empleará para la ejecución y cumplimiento de todos sus deseos"* (La Oración). He aquí la vivificante "ordenación" de la que nos habla el *Filósofo Desconocido* en el *Hombre Nuevo*, la que se realiza por este descenso divino en el corazón, que formalmente y sobrenaturalmente, instituye al ser de Deseo *"en espíritu y en verdad, sacerdote del Señor"*.

Para profundizar adecuadamente según la operatividad de la vía que nos ocupa y conseguir los fines deseados, debemos poner énfasis en que, para la formación de nuestros Hermanos y Hermanas a través de los distintos grados de la Orden Martinista, se deben estudiar y meditar las claves ofrecidas en la Obra del *"Filósofo Desconocido"*, de acuerdo al siguiente esquema:

GRADO ASOCIADO
(Filosófico)

"El Cocodrilo" (1.799): Describe, a través de un poema épico de 102 cantos, la forma como el mal se insinúa a las cosas sagradas y con perfidia destila su veneno para destruir a aquellos que son ciegos e insensibles. Pero el mal dispone de un tiempo limitado y puede ser fácilmente reconocido por señales discernibles; no puede engañar a aquellos que tienen visión de conciencia, que observan y son Caballeros de nobles designios.

"Ecce Homo" (1.792): Saint-Martin advierte de los peligros de buscar la excitación de las emociones de las experiencias mágicas de bajo nivel, las premoniciones, de los fenómenos que no pasan de ser expresiones de estados psico-físicos anormales del ser humano.

"De los Errores y de la Verdad" (1.775): El mensaje de este libro es que por el conocimiento de su propia naturaleza el hombre puede alcanzar el conocimiento de su Creador y de toda la Creación, así como de las Leyes fundamentales del Universo, la cuales están reflejadas en la ley hecha por el hombre. Bajo esta luz fue mostrada la importancia del libre albedrío.

"El Hombre de Deseo" (1.790): En esta obra vemos la influencia de la doctrina de Böhme. Recuerda uno de los Salmos que refleja el ardor del alma hacia Dios y deplora al alma humana sus errores y pecados, su ceguera y su ingratitud. En esta Obra Saint-Martin ve la posibilidad de un retorno del hombre a su estado primitivo. Pero este retorno no es posible sin el abandono de la vida de pecado y el seguimiento de las enseñanzas del Redentor Jesús Cristo, Hijo de Dios, que descendió de las alturas de su Trono celestial por amor a toda la humanidad.

"De los Números" (1.843): Se trata de una Obra inacabada, pero contiene muchas indicaciones importantes que no podrán ser encontradas en otra parte. Analiza los números desde un punto de vista metafísico y místico. Desde esta perspectiva, en los números encontró una confirmación de la caída y del Renacimiento del Hombre. Esta obra, aunque forma parte de las obras póstumas, se incluye en el Grado Asociado porque es aquí donde los miembros de la Orden abordan el estudio místico de los Números.

GRADO INICIADO
(Místico)

"Cuadro Natural de las Relaciones que existen entre Dios, el Hombre y el Universo" (1.782): El Hombre había sido privado de sus aptitudes y medios superiores por estar sumergido en la materia tan profundamente que perdió la conciencia de su naturaleza original, que tenía antes de la caída y que era reflejo de la imagen de Dios. Con esta caída el Hombre quedó apartado del cuadro de sus propios derechos y dejaría de ser un eslabón entre Dios y la Naturaleza.

En esta obra, compuesta en París por recomendación de algunos amigos, el autor infiere, de la superioridad de las facultades del Hombre y de sus actos sobre los órganos de los sentidos y sobre sus producciones, que la existencia de la naturaleza, sea en general, sea en particular, es igualmente el producto de poderes creadores superiores a este resultado. Sin embargo, el Hombre depende de las cosas físicas, de las que no adquiere más que la idea que ellas forman a través de la impresión de sus órganos. Pero tiene, al mismo tiempo, nociones de otra clase distinta, ideas de ley y de poder, de orden y de unidad, de sabiduría y de justicia. Así pues, depende de sus ideas intelectuales y morales, al igual que de sus ideas extraídas de sus sentidos. Ahora bien, las primeras no provienen de él: parten pues de otra fuente, de facultades exteriores que producen en él los pensamientos. Pero, ¿de dónde nace esta dependencia? Del desorden producido por una causa inferior, que se opone a la causa superior, y que ha dejado de ser en su ley.

El hombre está caído: desde entonces, lo que existía en principio de forma inmaterial ha sido sensibilizado bajo formas materiales. El orden y el desorden son manifiestos. Sin embargo, todo tiende a reintegrarse en la unidad de donde todo ha salido. Si, a consecuencia de esta caída, las virtudes o facultades morales e intelectuales han sido divididas por el hombre, él debe trabajar en revivificar su voluntad por el deseo, para reunir lo que ha sido separado. Pero su regeneración no se puede operar sin la intermediación del Reparador, pues el sacrificio ha reemplazado las expiaciones que tendrían lugar según la ley del espíritu. Tal es el plan de esta obra capital, cuyo desarrollo lógico es conciso, y más metódico o más continuo que en la primera. En algunas partes, señalado por comillas, aparecen comentarios algo extraños al discurso: son los que contienen la parte enigmática de la doctrina de Martinez, donde se dice, por ejemplo, en la lengua misteriosa de los números, que el hombre se perdió del 4 al 9, lo que quiere decir del espíritu a la materia. Pero es en este punto donde por estas figuras puramente alegóricas se debe juzgar el fondo de la doctrina.

"El Hombre Nuevo" (1.792): Es más bien una exhortación que una enseñanza. Lo escribe en Estrasburgo en 1.790, por consejo del caballero Silverhielm, antiguo capellán del rey de Suecia y sobrino de Swedenborg. Trata del pensamiento como órgano de Renacimiento que permite penetrar lo más profundo del ser humano y descubrir la verdad eterna de su naturaleza.

La idea fundamental de esta obra es que el Hombre porta en sí mismo una especie de texto, del que su vida entera deberá ser el desarrollo, porque el alma del Hombre, dice, es primitivamente un *pensamiento de Dios*: de ahí resulta que el medio de renovarnos entrando en nuestra verdadera naturaleza, es pensar por nuestro propio Principio, y emplear nuestros pensamientos como órganos para operar esta renovación. A pesar de la elevada fuente donde el autor se sitúa, confesaría más tarde que no habría escrito este libro, o que lo habría escrito de otro modo si antes hubiese conocido la obra de J. Böhme.

GRADO S.I.
(Cabalístico)

"Del Espíritu de las Cosas" (1.800): En este libro el autor declara que el Hombre, creado a semejanza de Dios, puede penetrar en el seno del Ser que está oculto por toda la Creación y que gracias a su clara visión interior, es capaz de ver y reconocer las verdades de

Dios depositadas en la Naturaleza. La Luz interior es un reflejo que ilumina las formas.

"El Ministerio del Hombre Espíritu" (1.802): Aquí el Filósofo Desconocido completa todas las indicaciones precedentes, presentando un objetivo que no es diferente, escogiendo como alegoría la ascensión de una alta montaña. El Hombre escala impelido por una necesidad interior en el antegozo de la Víctoria, que conduce a la libertad tras tribulaciones y sufrimientos. Es el regreso del Hijo Pródigo a la casa del Padre, siempre lleno de caridad y perdón. Esto es alcanzar la unidad perfecta con Él: "Yo y el Padre somos uno".

El objeto de este libro es el de mostrar cómo el Hombre-Espíritu (ejerciendo un ministerio espiritual) puede mejorarse y regenerarse él mismo y a los demás, devolviendo la Palabra o el Logos (el Verbo) al hombre y a la naturaleza. Es de esta Palabra que Saint-Martin, imbuido plenamente de la doctrina y de los sentimientos de Jacob Böhme, extrae aquí sus razonamientos y su estilo. Sin embargo, esta obra, aunque más clara en general que las precedentes, está aún, en algunas de sus partes, demasiado alejada de las ideas humanas.

La gran mejora que el Teósofo propone consiste en el desarrollo radical de nuestra esencia íntima. Todos sus escritos descansan más o menos sobre esta base. En resumen, *El Cuadro Natural* establece, por la obra de la regeneración, la necesidad de un Reparador, para enseñar la grandeza del sacrificio en el cual la víctima se inmola a sí misma, en el lugar de los holocaustos sangrantes que habían tenido lugar anteriormente. *El Hombre de Deseo* muestra que la sangre de esta víctima era espíritu y vida, la misericordia se torna así unida a la justicia. *El Ministerio del Hombre Espíritu* enseña finalmente a operar en él mismo la acción del Reparador, inmolándose, a su ejemplo, para separarse del reino material, órgano del mal. El renacimiento del Hombre por esta vía donde J. Böhme había penetrado tan profundamente, según Saint-Martin, era bien preferible a las vías que abren las visiones contemplativas de los místicos, o las manifestaciones sensibles producidas, sea por la exaltación del alma como Swedenborg, sea por el adormecimiento de los sentidos corporales como en el magnetismo sonambúlico.

Obras Filosóficas, literarias y poéticas; Obras póstumas y Correspondencia. Su estudio nos aclara y nos amplia todo lo anterior, y nos ayuda a conocer mejor el semblante del Filósofo Desconocido y su entorno. La correspondencia de discípulos y amigos es igualmente muy instructiva.

Fuentes principales de las que bebe nuestro V.M.: Doctrina de la Reintegración de los Seres de Martinez de Pasqually, Teosofía de Jakob Böhme, Padres de la Iglesia (Cristianismo Primitivo).

* * *

Este trabajo de estudio y reflexión, acompañado de los Rituales y Prácticas Operativas que la Orden utiliza, del trabajo asiduo en la privacidad e intimidad del Oratorio, y de la formación complementaria que se ofrece para estimular el despertar interior, **conducirá a todo Martinista, operando por la Vía Cardiaca, a** *"penetrar en el corazón de Dios y hacer penetrar el corazón de Dios en nosotros para así hacer un matrimonio indisoluble, transformándonos en amigo, hermano y esposa del Divino Reparador"*, irradiando su luz en nuestro entorno. Esta luz se extiende desde lo alto a través de nuestros pensamientos, nuestras palabras y nuestras acciones, cuando hemos conseguido purificar la raíz de nuestro ser eliminando toda influencia maligna y nefasta: *"Es que si llega a regenerarse en su pensamiento, lo hace pronto también en su palabra, que es como la carne y la sangre del pensamiento y, cuando se ha regenerado en esta palabra, lo hace pronto también en la obra, que es la carne y la sangre de la palabra"* (El Hombre Nuevo). La iniciación Martinista se resume así en este proceso de regeneración integral y gradual del hombre que lo devuelve a su estado primigenio anterior a la caída.

Louis-Claude de Saint-Martin

homme de désir

ÍNDICE